Prologue

Tous les pays connaissent le Festival de Cannes ; leurs télévisions ont montré le défilé des limousines sur la Croisette, l'immense tapis rouge changé tous les trois jour, l'escalier d'apparat emprunté par des escarpins sublimes, des robes somptueuses ou des smokings au fragile tissu noir corbeau ; beaucoup de gens ont souri en découvrant l'essaim de photographes bourdonnant autour des stars et des vedettes de l'année ; d'autres ont salivé en suivant la caméra dans des palaces plus luxueux les uns que les autres. Et, bien sûr, les palmes d'or et les prix ont sorti de l'anonymat des films inoubliables, ont aidé à écrire des pages d'histoire culturelle.

Combien de ces personnes ont conscience que ce monde parfait suppose des légions d'ouvriers et de petites mains dévouées : artisans, policiers, chasseurs, voituriers, concierges, cuisiniers, femmes de ménage ou garçons d'étage, chauffeurs, assistants, fonctionnaires, projectionnistes, bénévoles, sans lesquels rien n'existerait ? Qui s'inquiète de ces colonnes de fourmis qui gèrent la sécurité, montent les tables, servent les verres, glacent les gâteaux, changent les draps ? Repassent les vêtements, transportent les artistes, orientent le public, se plient en quatre pour que la perfection soit partout visible ? Sans eux, « l'art de vivre à la française » serait une formule creuse et le festival n'aurait pas l'aura de glamour qui est la sienne.

J'ai été l'une de ces fourmis invisibles. Pendant presque six ans, j'ai servi un géant américain du cinéma, un habitué du festival cannois et de la Côte d'Azur, un producteur dont le flair était légendaire, doublé d'un distributeur capable de fabriquer la carrière américaine d'un film, d'un réalisateur ou d'un comédien européen ; un francophile à qui notre cinéma doit beaucoup.

Plus que son chauffeur, j'ai été son homme à tout faire qui réglait les questions vitales et les petits riens du quotidien. Malgré ses mauvaises manières, malgré sa folie, je le servais et il m'intriguait ; son génie m'impressionnait ; les facettes du septième art tourbillonnaient entre ses mains, comme une toupie dans la paume d'un illusionniste.

Le temps m'a obligé à déchanter, à perdre mes illusions. Le génie n'autorise pas tout. Ni l'argent. Avant qu'il ne devienne la honte de sa profession, son joug démentiel a pesé sur moi et m'a conduit au bord de la folie. Moi aussi, je pourrais dire « le Gros Porc m'a tué ». Moi aussi, j'ai été la victime de son chantage. Progressivement, avec une lenteur infinie, j'ai découvert le prédateur impitoyable, l'esbroufeur dont le territoire privilégié était la période du Festival de Cannes ; l'homme pour qui la définition de l'humanité commençait à plusieurs millions de dollars par an ; le malade affamé de jeunes femmes d'une nuit, de proies à pourchasser, à leurrer, à dévorer vivantes et hurlantes.

Voici le portrait d'un ogre sexuel, d'un monstre moral, d'un cyclope sorti tout droit des temps archaïques. Il n'a qu'un œil, celui de la bestialité, et il se fout de la décence.

Première partie

1

Un client difficile

Tout commence à Cannes, dans les bureaux de la société de limousines Plaza-International, le mardi 13 mai 2008, à J-1 de l'inauguration du Festival de Cannes.

Ce matin-là, sous un soleil déjà trop chaud, la ville affichait un visage conquérant. Comme chaque jour, je me rendais à l'agence pour récupérer mes ordres de mission de la journée, ainsi que les clés du véhicule qui me serait attribué. Mais avant toute chose, il fallait passer par le rituel de la machine à café, la meilleure façon pour un petit nouveau comme moi de m'intégrer et de humer l'atmosphère de la maison qui m'employait. Trois collègues sirotaient leur petit noir, les yeux braqués sur la baie vitrée où se trouve le bureau du dispatching, qui répartit les clients et les voitures entre les chauffeurs.

– Ça va, les gars ?
– Salut, Mickaël.

C'était curieux, ils avaient beau m'avoir répondu en chœur, comme à l'accoutumée, personne n'était à son aise. L'un bougeait nerveusement son gobelet, l'autre faisait cliqueter ses clefs, des regards gênés s'échangeaient. Il y avait, comme on dit, de l'électricité dans l'air.

Derrière la paroi vitrée, sur laquelle repose la machine à café, Sophie et Viviane, les responsables du dispatching, étaient en grande conversation avec deux autres chauffeurs.

L'échange était inaudible, mais la vivacité des gestes et l'expression tendue des visages indiquaient une négociation difficile. Sophie et Viviane insistaient, mais Maxime (que je connaissais) et l'autre employé de Plaza International refusaient avec énergie. J'attendais qu'on m'explique de quoi il retournait, mais aucun compagnon de travail ne prit cette peine. Ce n'était pas bon signe. Y avait-il des réductions de poste envisagées ? Comment cela pouvait-il être possible ? Le Festival de Cannes était la meilleure période de l'année pour les voitures de grande remise[1]. Si c'était le cas, les nouveaux allaient trinquer !

Maxime sortit enfin du bureau, il était à cran. Sa moustache effilée se dressait plus haut que d'habitude.

– Qu'est-ce qu'il se passe ?

– Il se passe que les filles veulent nous refiler un client impossible, un vrai cinglé !

– C'est qui ?

– Harvey Weinstein !

Devant mon air perplexe, Maxime se sentit obligé de m'affranchir.

– C'est un producteur américain… Bien sûr que tu le connais, Mickaël. Qui ne connaît pas le big boss de la Weinstein Company ? Lui et son frère Bob sont les anciens patrons de Miramax ! Tu dois avoir entendu parler de leurs soirées d'orgies interminables ! Les dix-neuf limousines taguées au logo de Miramax, en *full* disponibilité chez MC Limousine, sont entrées dans la légende du festival ! Les frères Weinstein sont des magnats d'Hollywood, des noctambules inguérissables… mais le pire est Harvey ! À Cannes, Harvey Weinstein est connu comme le loup blanc !

1. Limousine, qui suppose un permis spécial et toutes sortes de contrôles annuels du chauffeur, du casier judicaire au carnet de santé.

– Ah… oui, ça y est, je vois le zigoto. C'était le client de Pierre ?

– Exactement. C'est du lourd, du très lourd. Bref, il débarque pour le festival. Mais parce que c'est un nabab, monsieur se croit tout permis.

Pendant qu'il me parlait, l'autre chauffeur sortit de la pièce du dispatching et fila dare-dare vers le parking. On pouvait deviner son refus. Maxime se pencha alors vers moi et, dans un souffle, me glissa :

– Crois-moi, ce client est ingérable. Fuis-le comme la peste. Celui qui acceptera de conduire Harvey Weinstein ira droit dans le mur.

Puis il se redressa et lança à la cantonade :

– Avant, il n'y avait que Pierre qui savait comment prendre Harvey Weinstein, comment le rendre raisonnable. Maintenant nous sommes dans la merde, Pierre s'est barré avec un oligarque russe dont il est devenu le chauffeur personnel et on n'est pas près de le revoir. Qui va le remplacer, voilà la grande question ! Weinstein rapporte tellement d'argent que l'agence ne peut pas refuser ce contrat ! Il va falloir lui trouver un conducteur, quoi qu'il arrive. Moi, c'est impossible. Ma femme va accoucher, je ne peux pas être absent toutes les nuits pour les beaux yeux de Weinstein. Mais il faudra trouver quelqu'un de disponible. Un chauffeur sans enfant et sans femme enceinte !

Tout le monde opinait du chef. Pas un volontaire ne se profilait. Les trois chauffeurs avaient été sollicités, c'était évident. Le statut d'ancien leur permettait de refuser une mission.

À travers la baie vitrée, Sophie la blonde et Vivianne la brune fixaient notre petit groupe avec des yeux ulcérés. Leur visage exprimait un mélange de fureur et de détermination. La quarantaine chacune, habillées de tailleurs de marque, elles avaient de l'expérience et du bagout. D'ordinaire, aucun employé n'osait discuter leurs décisions, j'étais stupéfait.

Le coin de la machine à café se vida soudain, comme si mes collègues craignaient d'être relancés. Alors que Maxime s'apprêtait à partir, je le retins.

– Pourquoi m'as-tu averti de fuir Weinstein ?

Il se contenta de me répondre par un grand sourire. Sa longue moustache de mousquetaire se déplia comme un chat qui s'étire.

– Mon contrat de chauffeur saisonnier vient d'être signé. Ça m'étonnerait que Jean-Jacques pense à moi pour un client de ce calibre. D'ailleurs Sophie et Vivianne ne m'ont rien demandé.

Je devais faire mes preuves ; si le dispatching m'imposait de prendre Weinstein, comment refuser cette décision ? Quelle objection avancer ? Je n'avais pas d'enfant, et ma femme n'était pas prête à en avoir un ! Mais non, je me faisais des idées, j'avais vu les filles hier, mes courses étaient programmées.

– T'as un conseil à me donner ?

– Je t'ai tout dit, lâcha Maxime, sinon qu'on l'appelle « le Gros Porc » depuis les années quatre-vingt-dix. Pas un groom qui ignore ce surnom.

Puis il m'abandonna. Au moment où je m'apprêtais à récupérer la clé de la Mercedes classe S pour effectuer mon premier transfert de la journée, une voix m'interpella dans mon dos.

– Mickaël ! Mickaël ! Attendez ! Ne partez pas !

C'était Jean-Jacques, notre chef d'agence. Élégant et sournois, c'était une anguille, d'après mes collègues. On ne savait jamais quelle était sa pensée quand il confiait une mission.

Voulait-il la réussite du chauffeur ou sa perte ? Maxime le traitait de manipulateur. Par ailleurs, Jean-Jacques se vantait de son expérience de chauffeur de grande remise, mais tous les conducteurs disaient qu'il n'avait jamais exercé.

– Bonjour, Mickaël. Comment ça va, Mickaël ?

Il n'attendit pas ma réponse, déjà ma main était vigoureusement secouée dans les siennes ; puis il s'attaqua à mon épaule, malaxée avec ardeur ; comme si nous étions deux frères se retrouvant après des années de séparation.

– Vous savez que vous êtes un très bon chauffeur, Mickaël ! Vraiment, vous donnez pleine satisfaction à l'agence…

Son compliment sonnait faux : j'étais le petit nouveau dans une équipe qui ne comprenait que des chauffeurs aguerris, avec des années de métier au compteur.

– Bon, Mickaël, ça vous dirait de passer à la vitesse supérieure ? Je suppose que vous êtes au courant pour Harvey Weinstein ?

– Vaguement, oui.

– Eh bien, j'ai pensé à vous pour cette mission.

– Heu, je ne sais pas… Je ne crois pas que…

– Comment ça, vous ne savez pas ?

– Vous me proposez ce client très spécial parce que les anciens refusent de le prendre en charge. Apparemment, c'est quelqu'un de compliqué à gérer. Pierre avait beaucoup d'expérience, beaucoup plus que moi. J'ai peur de ne pas être le bon conducteur. Imaginez la catastrophe pour Plaza International si je commettais une erreur. Je risque de nous faire perdre le client…

Ouf, je pris une gorgée d'air ; cette tirade m'était venue d'un seul coup, sans réfléchir. Elle paraissait la bonne ligne de conduite, il fallait m'y tenir.

– Non ! Mickaël, ne croyez pas ça, dit le chef d'agence en haussant le ton. Je pensais vraiment vous confier cette mission. Mais si j'avais zappé les Maxime et compagnie, ç'aurait été la grève générale, la rébellion. Ils auraient évoqué leur statut, leur ancienneté et tout le cirque. Vous connaissez les chauffeurs de grande remise : ils se prennent pour des aristocrates et ils sont très susceptibles. Vraiment Mickaël, croyez-moi. Vous êtes d'une autre génération, celle qu'il faut pour ce client. C'est le moment ou jamais de prouver votre compétence. Une occasion rêvée. Après cette mission, les anciens vous respecteront ! Croyez-moi sur parole ! Vous verrez, Mickaël, votre image changera, vous passerez dans la cour des grands ! À propos, vous savez qui est vraiment Harvey Weinstein ?

– Un producteur de cinéma, difficile à satisfaire.

– C'est le top du top dans son métier. Le zénith de la profession. Il appartient au *golden people*. Dans le monde du cinéma, ce type est un dieu. Il collectionne les oscars, les palmes d'or, les lions d'or… C'est un pygmalion, il crée des stars chaque année. Avoir conduit Harvey Weinstein dans le milieu de la grande remise, quel sésame ! Croyez-moi… Bon d'accord, le client est un peu… comment dire ?

– Ingérable !

– Mais non, pas du tout ! des racontars, des médisances, des jalousies aussi, car Pierre a été son seul chouchou. Harvey n'a jamais voulu un autre conducteur, alors forcément… Et puis je soupçonne Pierre d'avoir cultivé cette image sulfureuse pour garder la main sur le client !

– Il est comment ? dis-je en me laissant progressivement berner par mon chef d'agence.

Le bras de Jean-Jacques m'entoura amicalement les épaules, il m'invitait à faire quelques pas avec lui dehors. Il sentait un parfum ambré, très chic.

À l'extérieur des bureaux, la lumière était intense, aveuglante ; la couleur sombre et métallique des Mercedes aspirait cet éclat sans broncher. Sous nos pieds, le gravier crissait. L'agence était installée à l'écart, dans un endroit résidentiel, sans circulation, sans bruit, entouré de verdure. Jean-Jacques me souriait comme le ferait un ami.

– Je ne vais rien vous cacher. C'est un client… difficile. Croyez-moi, c'est certain. Mais attention, Mickaël, difficile ne veut pas dire impossible. Difficile signifie exigeant. (Il détacha soigneusement les syllabes de ce mot, mis à toutes les sauces dans la culture de l'agence.) Mais n'est-ce pas l'essence de notre métier ? La raison d'être de notre profession ? La preuve : Pierre y arrivait.

– Mais les collègues affirment qu'on ne dort pas de la nuit avec lui, qu'on passe quinze jours sans voir son domicile ! Et puis…

– Bon d'accord ! Il est un peu agité, comme tous les autres producteurs. Vous voulez que je vous parle franchement ?

– Oui, s'il vous plaît, dis-je presque suppliant.

Je me sentais faiblir. Cette mission allait forcément être très bien payée. Or mon couple avait désespérément besoin d'argent.

– L'éventualité que ce client fasse quelques conneries, commette un excès de temps à autre, n'est pas à écarter, croyez-moi. Oui, Harvey Weinstein est égocentrique, exigeant, perfectionniste, presque toujours obsessionnel. Oui, il est parfois odieux, arrogant, et même, oui, je l'avoue, il peut être aussi grossier que gros. Et, comme il se doit avec les gens d'Hollywood, M. Weinstein est dépendant au sexe, comme il a été accro à la cocaïne par le passé.

Je jetais des yeux inquiets sur Jean-Jacques, la sueur coulait sur mon front, me brûlait les yeux. La ville de Cannes était truffée de policiers pendant le festival. Allais-je devenir un hors-la-loi à cause d'un client ? Passer devant un tribunal ? Mais mon ami tout neuf, Jean-Jacques, me fit face et me tint par les deux avant-bras, en me clouant d'un regard grave, comme si le sort de l'agence dépendait de moi.

– Et alors ? continua-t-il. Cet homme est un dieu vivant, toutes les femmes lui tombent dans les bras. Que feriez-vous à sa place ? Moi, ce que je vois, c'est un festivalier ordinaire, et qui a droit à nos services… comme tous les autres. Si l'agence décide de refuser tous ceux qui commettent des excès, alors autant mettre la clé sous la porte maintenant, vous ne croyez pas ? Naturellement, Plaza International sera reconnaissante de votre geste, cela va de soi ! Reconnaissante en monnaie sonnante et trébuchante…

Mes défenses avaient été balayées une à une, j'avais quasiment accepté, Jean-Jacques le sentait. Il ne prit pas la peine d'attendre que je verbalise mon accord. Sa main s'empara à nouveau de mon épaule et me guida pour rentrer dans les bureaux. L'air conditionné nous fit un bien fou. Je m'épongeais le front.

– Bon, Mickaël, pour cette mission, on est en limousine, avec la dernière Mercedes-Benz Maybach S500, celle de l'année ; et naturellement la *full dispo*[2] ! Nom d'un chien… Croyez-moi, vous allez vivre un festival inoubliable ! Vous serez aux premières loges !

– Quoi ? Vous ne prévoyez pas une équipe de deux chauffeurs ? Il faut bien dormir.

– Ah non ! mon ami… c'est totalement impossible. Le client réclame de ne voir qu'une seule et même tête. Cela fait partie de ses exigences. Mais croyez-moi, Mickaël, ce n'est pas compliqué. Pierre prenait de la vitamine C, du café, du guarana, des barres de céréales et, encore une fois, il y arrivait très bien. Vous vous y ferez, mon ami, vous verrez.

---

2. Formule tarifaire, par laquelle le conducteur est disponible 24 heures sur 24.

Cette dernière information modifiait l'allure de la mission. Ne pas dormir pendant quinze jours était dangereux. Pour la circulation et pour moi. Pour mon permis aussi, car les chauffeurs de limousine sont très contrôlés. Mais j'allais toucher un double salaire ou presque. Harvey Weinstein n'était pas un robot, son organisme l'obligeait à dormir lui aussi. Il faudrait bien qu'il me libère quelques heures pour récupérer. Dès lors, comment refuser ? J'ignorais alors que l'existence n'accorde jamais que quelques secondes pour les décisions majeures, celles qui ordonnent votre destin. Une voix à travers moi répondit.

– D'accord, mais je souhaite que vous me fassiez une faveur.

– Laquelle ?

– Carte blanche pour gérer le client. Pas de comptes à rendre. Je veux la même liberté que celle donnée à Pierre.

– Accordé, fit Jean-Jacques en m'embrassant.

Son visage rayonnait. Je savais qu'en cas de pépin le seul responsable, c'était bibi. Mais je ne voulais pas avoir à passer à l'agence chaque jour ou presque. Jean-Jacques aborda ce que j'escomptais bien, sans quoi jamais je n'aurais accepté ce boulot.

– N'oubliez pas, mon ami, une chose importante : vous allez vous faire un putain de sacré bon salaire. En plus, avec les pourboires, royaux, vous allez vous gaver !

Mon chef d'agence me décevait : pourquoi ce ton grossier, pourquoi cette soudaine familiarité pour évoquer mes émoluments ? Cet argent allait être gagné très durement, ce n'était pas un cadeau du ciel.

– Justement, Jean-Jacques. Puisque vous abordez le sujet, je vous demanderai une augmentation et une prime pour conduite de client hors norme.

– Accordé. Bon. Passons à l'opérationnel : le client débarque pour l'ouverture du festival, qui a lieu dans deux jours. Demain je vous libère. Ça vous laissera le temps de vous préparer.

Jean-Jacques se frottait les mains en marchant de long en large dans le bureau du dispatching. Vivianne et Sophie me couvaient des yeux, j'étais devenu leur héros. Quant à moi, tout en affichant un visage serein, je cherchais du bois à toucher… des explications à l'intention de ma femme, ma famille et mes amis, qui n'allaient pas me voir pendant deux semaines.

– Une dernière chose, Mickaël. Je transmets vos coordonnées à Monika, c'est l'intermédiaire italienne de M. Harvey Weinstein. Elle sera là demain et se mettra en rapport avec vous pour vous briefer.

– Entendu, Jean-Jacques.

– Eh bien, bonne journée, Mickaël. Et *good luck,* mon gars.

Ce *good luck* ne m'enchantait pas. Pire, il m'inquiétait. Une veine superstitieuse palpitait en moi. Il ne faut jamais provoquer le sort, qui aime torturer les desseins humains.

2

Le mâle alpha ne renonce jamais

Ne croyez pas que j'aie foncé tête baissée dans ce traquenard. J'ai pris conseil, chez les plus sages de la région. Je savais le trouver ici à 19 heures, l'heure immuable de son pastis mauresque : M. Carlos était attablé dans un coin discret chez Sam le Grilleur, sur la place de l'Étang, là où les retraités de Cannes viennent jeter le cochonnet et les boules.

M. Carlos ne jouait pas à la pétanque, il aimait la conversation et les cartes. Avec de distingués retraités comme lui. Autour de la table, il y avait M. Louis Daitry, un ancien concierge niçois du Negresco, le palace mythique de la promenade des Anglais ; M. Jules Caprichyo, qui avait été jardinier dans une richissime propriété sur les hauteurs de Cimiez ; François Levasseur, le seul dont j'ignorais le domaine de compétence ; et enfin M. Carlos, Carlos De Manssardi qui, lui, avait été chauffeur de maître. Et mon mentor. C'est sous sa coupe que j'ai appris ce foutu métier de chauffeur de grande remise. Je lui dois beaucoup. Il faut dire que l'essentiel de sa carrière, M. Carlos l'avait accompli au service personnel d'un aristocrate italien retiré sur la Côte d'Azur. À la mort de son patron, il n'avait eu aucun mal à se faire engager dans une agence de location de voitures de luxe avec chauffeur, celle-là même qui m'employait aujourd'hui. Mais il avait vécu comme une déchéance le fait de passer de chauffeur de maître à chauffeur à la carte, ce que, dans notre jargon, nous appelons chauffeur de grande remise. Et pour

M. Carlos, il n'y avait pas de plus grande humiliation que de se voir accorder un pourboire.

De ce passé professionnel il gardait les manières et surtout l'élégance dans sa tenue vestimentaire comme dans ses propos. Dans le métier, certains le tenaient pour un *has been* complet, ce qui n'était pas entièrement faux ; mais d'autres le considéraient comme la mémoire vivante de notre profession. Pour moi, il est celui qui m'a mis sur les rails. En effet, quand j'ai débuté chez Plaza International, le GPS n'existait pas, c'est lui qui m'a indiqué les itinéraires les plus courts, et aussi les plus agréables pour les clients, détail auquel un chauffeur ne pense pas forcément. Il s'était proposé de lui-même, alors que certains ne se gênaient pas pour donner aux bleus des indications erronées, rien que pour le plaisir de les planter.

Il m'avait enseigné les règles à respecter dans les palaces, comme veiller à se présenter au concierge pour pouvoir par la suite user des parties communes, salle de récréation, toilettes, mais attention, celles du personnel, pas celles des clients, impair qui équivaudrait à une interdiction à vie… Il m'avait initié à la psychologie du client : inutile de le contredire, même lorsqu'on sait qu'il se trompe ; toujours lui donner raison. Pour résumer, il m'avait appris quelle est notre place à nous, celle des chauffeurs, et à s'y tenir. La plus grave des erreurs de notre métier, ce serait de l'oublier.

Cette règle pourrait paraître évidente, mais je suis d'un tempérament sanguin, quelqu'un d'extériorisé, naturellement exubérant, qui se met facilement en avant, qui explose vite aussi. Toute la bêtise d'un mâle alpha, comme dit ma femme quand je l'énerve. Cette obligation de se tenir en retrait n'était pas facile pour moi au début, elle m'a demandé un gros effort psychologique et même moral. M. Carlos l'avait compris et avait su me guider dans l'apprentissage délicat de ce qu'il appelait le style et l'art de vivre. Cela donnait à M. Carlos un côté vieille France, mais quelques heures avant de démarrer ma mission, le besoin d'être rassuré me taraudait.

Je profitais de ce qu'ils n'avaient pas encore engagé leur partie de cartes pour m'approcher de la table. M. Carlos m'aperçut.

– Tiens, s'écria-t-il, voilà le Pitchoun ! Quel bon vent t'amène, mon petit Mickaël ?

– Bonjour, monsieur Carlos.

– Alors, le boulot, ça roule ?

– Je n'ai pas à me plaindre. Je suis monté en grade.

– On peut savoir qui tu conduis en ce moment ?

– Demain je démarre une nouvelle mission, au volant d'une Maybach. Un producteur américain, pour la durée du festival. Un client pas facile, paraît-il.

– Et il descend où, ce producteur ?

– D'après ce qu'on m'a dit, il se partage entre le Majestic et l'hôtel du Cap-Eden-Roc.

– L'Eden-Roc, évidemment. C'est l'endroit le plus sécurisé de la côte. Là au moins, il est sûr d'être à l'abri des paparazzis. Tu n'as pas oublié les consignes à l'Eden-Roc ?

– Non, non, je sais que c'est chaud bouillant là-bas. La semaine dernière encore, j'y ai déposé un couple néerlandais au restaurant gastronomique, à l'heure du dîner. Mon client s'est vu refuser l'entrée parce qu'il portait un bermuda à fleurs. Le directeur lui a suggéré d'acheter un pantalon classique « fait minute » par le tailleur de la boutique d'à côté. Il a déboursé la coquette somme de deux cent cinquante euros pour accéder à sa table réservée depuis une semaine. En matière de correction, on ne s'amuse pas à l'hôtel du Cap-Eden-Roc.

François, le seul autour de la table à ignorer les règles, demanda :

– Y a-t-il d'autres consignes à l'Eden-Roc ?

D'un mouvement du menton, M. Carlos manifesta son irritation.

– Qui est ton client ?

Pour le pousser à parler, j'indiquai le fameux surnom.

– On l'appelle « Gros Porc » depuis les années quatre-vingt-dix ! J'aimerais bien savoir pourquoi.

La tablée s'esclaffa. À part François, tout le monde paraissait au courant. Carlos n'aimait pas les indiscrétions sur les clients. Il avança une de ses devises favorites.

– Notre place est au seuil des palaces, pas à l'intérieur.

– Mais cette histoire a eu lieu sur un parking, coupa Louis. Parce que tout a démarré avec une scène de baise publique sur un parking, en 1994 ou 1995, pendant le festival. Ton client a sauté une nana sur le capot d'une bagnole, en présence des paparazzis, des chauffeurs de remise, des taxis, des retardataires, de ceux qui partaient… La fille piaillait très fort, mais à cause de la musique assourdissante d'une soirée Miramax, on n'a jamais su si elle était consentante. En tout cas, la presse n'en a pas parlé et la fille n'a pas porté plainte.

– C'était pour la sortie de *Pulp Fiction* ? dit François.

– Peut-être. Ce qui compte c'est que la scène était grandiose, unique. Imaginez l'obscurité d'une nuit presque sans lune, trouée seulement les phares des voitures qui arrivaient et partaient… une voiture un peu à l'écart, la silhouette grasse et dodue d'un homme suant comme un casseur de pierres, s'échinant sur le corps dénudé d'une parfaite jeune Française, les jambes largement écartées, dont les seins roulaient avec les mouvements de la Mercedes… C'était ignoble, mais aucun des spectateurs n'arrivait à quitter la scène des yeux. Depuis, chez les bagagistes, les grooms, les serveurs, les commis, les concierges qui ont connu les années quatre-vingt-dix, Gros Porc est le doux surnom de cet homme.

– Tu y étais ? fit M. Carlos. Drôle d'endroit pour un concierge d'hôtel niçois !

– Permettez, monsieur Carlos, à l'époque Tony lui-même conduisait Harvey Weinstein. Je lui dois ce récit. Il a dû bouger la voiture pour que le véhicule soit un peu à l'écart, et ramener la fille chez elle. Je soupçonne qu'il lui a donné tout le fric qu'il avait sur lui pour la faire taire, mais Tony a nié la chose.

– Les jeunes Françaises sont donc des putes, fit avec une grimace M. Carlos.

– Non, intervint Jules, la fille voulait faire du cinéma, elle s'est écrasée toute seule, sans rien demander, pour ne pas ruiner sa carrière.

– De toute façon, la plainte n'aurait pas été acceptée, fait François. Rappelez-vous l'ambiance de ces années. Le nombre de scandales étouffés. On croquait la starlette toute crue, sans la préparer ni la séduire, dans les années quatre-vingt-dix.

– Et pourquoi elle n'aurait pas été consentante ? fis-je en me faisant l'avocat du diable.

– Ton client n'a pas le physique d'un jeune premier, répliqua M. Carlos. Certes, il doit faire presque deux mètres, mais il a un gros bide et pèse dans les cent vingt ou cent trente kilos.

– Mais s'il était le producteur de *Pulp Fiction*, ce n'était pas rien. Ce film a fait le tour de la Terre. Tout le monde l'a vu.

– Pas en 1995, fit François.

– Qu'est-ce que vous auriez fait, monsieur Carlos, à la place de Tony ?

– Ta question est très délicate, Mickaël, et ne souffre pas une seule réponse. Je ne t'apprendrais rien si je te disais que la discrétion reste l'une de nos qualités essentielles. Ce n'est pas compliqué, le chauffeur doit se faire le plus invisible possible, et pourtant toujours disponible, et même plus, interventionniste, devançant les souhaits de son client. À lui tout seul, il est les trois petits singes. Tu vois ce que je veux dire ?

– Oui, oui, très bien.

En dépit de ma réponse, M. Carlos livra une leçon que j'avais déjà entendue plusieurs fois. Carlos radotait un peu, c'était de son âge.

– Le monde du luxe est un cocktail d'excès et de subtilités. Il exige une discrétion feutrée, mais en devançant chaque désir du client. Le chauffeur accompli, c'est celui qui sait se rendre irremplaçable, au point qu'à chacun de ses séjours le client le réclamera, et un jour il l'intronisera comme son chauffeur attitré. Ce jour-là, pour lui, ce sera le Graal. C'est une affaire de sociabilité, de psychologie, de séduction, le tout bien dosé, comme pour un cocktail. À force de les côtoyer, nous finissons par connaître par cœur les grands de ce monde. Nous savons leurs goûts, et leurs dégoûts. Et nous n'ignorons rien de leurs misérables petits secrets. Parfois même, ils font de nous les complices de leurs turpitudes. Car il faut bien le reconnaître, le *people* est attiré par le *trash*.

– Oooh ! s'exclama François, étonné d'entendre un vocabulaire aussi inhabituel dans la bouche de M. Carlos.

– Oui, reprend celui-ci, le *people* est attiré par le *trash*, comme le papillon par la lumière, jusqu'à s'y brûler les ailes. Mais attention, un pacte nous lie à eux, celui de les servir avec fidélité. Et malheur à celui qui viendrait à rompre ce pacte. Remarque, ce que je te dis là, mon petit Mickaël, je pourrais le dire pour le concierge comme pour le majordome, pour la cuisinière et la nurse, et je n'oublie ni le jardinier, ni la gouvernante, ni le garde du corps…

Se tournant alors vers ses partenaires :

– Vous en serez d'accord, messieurs…

Louis et Jules acquiescèrent d'un signe de tête.

– Nous avons tous, reprend M. Carlos, autant que nous sommes, un pied dans la haute société, mais nous n'en faisons pas partie.

Ce monologue me lassait, mon mentor noyait le poisson.

– Mais si le client demande de bouger la voiture pour forcer une nana ? C'est ça ma question, monsieur Carlos, fis-je en m'échauffant.

– Vois-tu, Mickaël, j'ai la faiblesse de penser que le chauffeur se distingue de tous les autres métiers de la domesticité en ceci qu'il appartient à un ordre ancien, celui des écuyers. Ce métier suppose un code d'honneur…

Mon impatience m'empêchait d'écouter, j'avais l'impression d'une rengaine.

– Oui, dis-je en haussant le ton, nous sommes les écuyers des temps modernes, les écuyers des oligarques, des nouveaux riches, des nouveaux princes et des arrivistes… Mais qu'est-ce qu'on fait en cas de tentative de viol ?

– Les vrais chauffeurs ont un code de l'honneur, répéta M. Carlos en me pinçant le bras. Tu m'écoutes, abruti.

Je me mis à rougir, ou plutôt mon teint mat prit une couleur grise. Louis et Jules se contentèrent d'un air entendu. Ils avaient décidé de ne pas polémiquer. François, qui devait se sentir un peu exclu de la conversation, se manifesta.

– Vos chevaliers, monsieur Carlos, il y a longtemps qu'ils sont descendus de cheval et qu'ils ont mis pied à terre. Et, sauf votre respect, je ne suis pas certain que ce soit tous de grands seigneurs.

– Mais nous, repris Carlos d'un ton solennel, « tous tant que nous sommes, guépards, chacals, brebis, nous continuerons à nous considérer comme le sel de la terre ».

Il citait *Le Guépard* de Visconti, son film fétiche. Le réalisateur avait été son client en 1963, l'année où le film a remporté la Palme d'or. Cent fois, il m'avait raconté comment, lors de cet événement exceptionnel, il avait pu garer sa limousine devant l'Eden-Roc et non au parking, fait resté dans les annales du métier.

– Si un client te pousse à un crime, continua-t-il d'une voix plus ordinaire, tu es libéré de ta servitude. Mais auras-tu le choix, Mickaël ?

– Que voulez-vous dire, monsieur Carlos ?

– Certaines situations ne laissent pas de choix, il est déjà trop tard pour exercer son libre arbitre. Ton client semble être de cette nature. Tu dois décider avant de t'engager ou pas ; quand un problème surgira, tu n'auras plus la possibilité de choisir.

– Je ne comprends pas ! C'est de la philo ?

M. Carlos était plus cultivé que la moyenne de la chauffe. Mais il savait aussi employer des images.

– Si tu fréquentes intimement un braqueur de banque, un jour ou l'autre tu seras impliqué dans une sale histoire, peut-être même complice d'un meurtre sans le savoir. D'accord ?

– Vous me conseillez d'abandonner ? Impossible ! J'ai besoin de cet argent. La question, c'est comment gérer cette situation.

– Bon, mon petit Mickaël, ce n'est pas que je te congédie, mais j'ai une partie qui m'attend, et je ne voudrais pas indisposer mes chers partenaires…

– Non, non, et moi aussi, je dois y aller. Demain, je commence tôt. Monsieur Carlos, messieurs, je vous souhaite une bonne soirée.

– Bonne chance, Mickaël…, se crut obligé de dire François.

C'était la deuxième fois en vingt-quatre heures qu'on me souhaitait bonne chance. C'était aussi la deuxième fois qu'on essayait de me dissuader d'accepter le client Weinstein.

Mais le mâle alpha ne renonce jamais : le succès ou la mort ! Il est têtu comme un âne, obtus comme la pierre. Le trou financier de notre compte commun ne me laissait pas le choix, je devais accepter cette mission juteuse.

J'étais surtout frustré de voir mes collègues se défiler. Il devait y avoir un moyen de gouverner un client difficile et ils refusaient de m'aider !

3

Le dieu descendu du ciel

Réveil en sursaut à 5 h 30 après une nuit cauchemardesque. J'appréhendais mon nouveau client, sa réputation terrible. Dans mon sommeil, j'aurais hurlé : « Non, ne rayez pas la voiture, monsieur Weinstein ! Elle est vierge... ».

Myriam, ma femme, était maintenant devant la porte d'entrée. Elle siffla ma tenue : costume trois-pièces, chemise à poignets mousquetaires fermés à l'aide de clips en argent, derbies en cuir grainé. En me tendant les affaires du client et les boissons du minibar, qu'elle avait réfrigérées, elle me taquina.

– Après tout, dis-toi bien que ce n'est qu'un être humain que tu vas conduire. Alors, mon cœur, je t'en prie, pas de stress. Et quand tu peux, tu me donnes de tes nouvelles.

En moi-même, je me disais : « Allez, en scène et joue ton rôle. »

La Mercedes était une Maybach S500, le dernier modèle version V10, couleur noire magnétite métallisée. Sa ligne était superbe. Dans le coffre, j'installai les effets du client. Puis, à voix haute, je m'assurai une dernière fois qu'il ne manquait rien.

– Un chargeur BlackBerry, un autre pour iPhone, un lecteur DVD, un iPad, un broyeur papier pour les scénarios à détruire. Bon, le minibar maintenant : quart Évian, Coca light, jus de fruits, champagne, OK. Les friandises : six boîtes de chewing-gums différents, les sachets M&M's, les bonbons Ricola aux six parfums et, dernière gâterie, les préservatifs parfumés aux fruits... Une palpation rapide de ma pochette intérieure m'assura que j'avais bien le portefeuille contenant l'argent de poche pour le client; j'étais chargé de payer ses moindres dépenses, c'était dans le contrat : « De trois à cinq mille euros, à renouveler chaque jour. »

Alors que le cuir Connolly et le noyer de l'habitacle inspiraient la quiétude, j'avais malgré tout le trac. Je me faisais l'effet d'un étudiant le jour d'un examen capital. Ce n'était pas mon premier client important, mais c'était ma première personnalité du cinéma américain, le producteur de *Pulp Fiction*, et il effrayait la profession.

Rue de Lérins, déserte à cette heure matinale, j'aperçus sur le trottoir, hissée sur la pointe des pieds, une ravissante petite brunette qui me faisait un signe de la main. Vêtue d'un tailleur-pantalon sombre, les cheveux coupés au carré, elle avait la dégaine d'un garçon manqué.

– *Ciao*, je suis Monika.

Elle prit place à l'avant, côté passager. Elle semblait très à l'aise. Prenant le temps de me considérer, elle approuva ma tenue. Bêtement, je me crus obligé de lui retourner le compliment. Elle m'adressa le sourire de celle qui n'est pas dupe.

– Heu, *andiamo*, on y va ?

La voiture quitta Cannes en direction de l'aéroport de Nice. La Mercedes ne roulait pas mais glissait sur l'asphalte. Comme si les imperfections de la chaussée s'effaçaient sous les roues. Face à nous, un soleil de cinéma embrasait le ciel et la mer, une aubaine pour tout le monde. Monika prit la direction de la conversation.

– Bon, Mickaël, on va travailler ensemble pendant deux bonnes semaines. J'espère que cela se passera bien. Tu es célibataire, marié, des enfants ?

– Marié, sans enfants.

– *Bene*. Et tu habites où ?

– À la pointe du Palm Beach, pas loin du Bâoli, au port Canto. Je suis à cinq minutes des palaces de la Croisette, le Martinez, le Carlton, le Majestic… Et je connais bien la Côte d'Azur.

– Génial. Ça pourra être utile. Bon. Je t'explique. M. Weinstein descend toujours au Majestic à Cannes pour son business, c'est là qu'il reçoit les clients importants. Mais il réside avec son épouse, Georgina Chapman, dans une suite royale à l'Eden-Roc, au Cap d'Antibes. Mme Chapman arrivera dans quelques jours. Quant à ses bureaux, où travaille son équipe, ils sont installés à la résidence du Gray d'Albion, au 4, rue des Serbes, à l'angle de la Croisette. Tu as retenu ou je répète ?

– Non, je connais tous ces endroits.

– Bon, autant que tu le saches maintenant, Mickaël. Harvey ne supporte ni les embouteillages ni les feux rouges. Pour ses rendez-vous les plus urgents, il lui arrive de recourir aux taxis mer, en J-craft ou en Riva jet. À toi de le suivre par la route côtière. Et pas question de le faire attendre. Deux assistantes l'accompagnent partout dans ses déplacements professionnels : Anna et Christina. Tu feras leur connaissance à l'aéroport. Pour le planning, tu seras en liaison quotidienne avec les bureaux de Londres, de New York ou ceux de Los Angeles. Plusieurs fois par jour, tu recevras par mail la confirmation de chaque rendez-vous. Inutile de te dire que M. Weinstein est un homme toujours pressé, souvent impatient et par moments très colérique. Des questions ?

– Non, non, pas pour l'instant.

J'avais déjà un léger tournis, mais ce n'était pas un sentiment désagréable, l'impression de devenir le servant d'un dieu à huit bras, occupé à cent activités, menant de front d'innombrables projets cosmiques. Vraiment, une telle organisation supposait un homme très important, avec une énergie hors norme !

Arrivé à l'aéroport de Nice, je m'empressai d'aller acheter les journaux (*Herald Tribune, Wall Street Journal, New York Times, Financial Times, USA Today, The Times, The Hollywood Reporter, Screen International, Le Film français*), sans oublier les cigarettes, des Marlboro rouges. Je mis tout en place et m'assurai une dernière fois qu'il ne manquait rien.

Monika revenait du terminal des affaires privées, où se trouvait le salon VIP. D'un geste de main, elle me demanda du feu. Elle avait perdu son charmant accent rital. La jeune femme joviale de tout à l'heure avait cédé la place à une employée tendue et nerveuse.

– Son avion va atterrir d'un moment à l'autre. Alors, dans cinq minutes, tiens-toi prêt.

J'écrasai aussitôt ma cigarette et allai prendre position au volant. Je frictionnai mes mains avec un jet de Vétiver pour chasser l'odeur de cendre froide. Contaminé par la tension négative de Monika, je me fis soudain l'effet de venir chercher un lion enfermé dans une cage. La peur revenait. Calé dans mon siège, mes mains glissaient le long du volant ; en m'imposant de longues et profondes respirations, je me répétais mentalement que tout allait bien se passer.

Au bout de quelques minutes, j'aperçus dans le rétroviseur extérieur Monika en conversation avec une jeune fille rousse qui devait être l'une des assistantes de M. Harvey Weinstein. Elles se dirigeaient d'un pas alerte vers le véhicule.

Des bribes de leur conversation me parvinrent à travers la vitre baissée : « santé… affaibli… arrêté de fumer… pas de cigarettes à bord… »

Je bondis hors du véhicule, ouvris la portière arrière et retirai les paquets de Marlboro ainsi que les briquets, et enfermai le tout dans le coffre.

– Mickaël, il faut immédiatement enlever les cigarettes.

– C'est déjà fait, Monika.

Elle me jeta un regard mi-intrigué, mi-amusé. Mais la rousse ne lui laissa pas le temps d'apprécier ma réactivité.

– Mais qui est ce chauffeur ? Où est Pierre ?

– Ah, oui ! Pierre est brusquement tombé malade hier, avec quarante de fièvre. C'est Mickaël qui le remplace. Anna, je te présente Mickaël. Mickaël, je te présente Anna, l'assistante de M. Weinstein.

– J'espère qu'il parle anglais au moins, ce Mickaël…

Pour la rassurer, je lui souhaitai la bienvenue en anglais. Monika me tendit la main.

– Voilà, Mickaël. Ma tâche est terminée. Je vous laisse en bonne compagnie.

Et la belle Italienne de tourner les talons, nous laissant seuls. Anna parut aussi éberluée que moi. Monika semblait avoir commis une grosse boulette en ne prévenant pas le staff de M. Weinstein du remplacement de Pierre. La réaction d'Anna suggérait que je n'étais pas le bienvenu. Au moment où je m'apprêtais à ranger une mallette en aluminium dans le coffre, Anna me reprit vertement.

– Qu'est-ce que tu fais ? Pas dans le coffre ! Cette mallette, M. Weinstein y tient comme à la prunelle de ses yeux. Tu la mets à l'arrière pour qu'il en dispose à sa convenance. Je te préviens, si jamais elle vient à lui manquer, tu es viré sur-le-champ.

Qu'est-ce que cette mallette pouvait bien contenir de si précieux ?

Un chauffeur viendrait plus tard avec un van chercher les bagages, qui s'accumulaient sur les chariots de la compagnie Swissport.

J'avais regagné ma place de conducteur, quand je vis sortir du terminal un géant impressionnant, à la démarche plus qu'improbable. Il dodelinait de tout son corps à la manière d'un culbuto. Là où son ventre semblait l'entraîner vers la chute, une force contraire le redressait à la verticale. Miracle de la physique des corps ! Pris dans cette oscillation permanente, le colosse conservait l'équilibre et rien n'entravait sa marche. Il s'avançait vers nous, accompagné d'une jeune femme brune, sans doute Christina, sa deuxième assistante.

Le visage et la silhouette de cet homme ne m'étaient pas totalement inconnus. J'avais dû l'apercevoir entrant ou sortant de soirées avec Pierre, son ancien chauffeur, lors de précédents festivals. Il me faisait irrésistiblement penser à un grand acteur comique américain, tant sa dégaine impayable correspondait peu au professionnalisme de son activité. Je cherchai trente secondes le nom de ce comédien, mais j'abandonnai vite.

Parvenu à hauteur de la voiture, le colosse allait et venait, tout en discutant au téléphone. J'ai beau ne pas être petit et peser mes quatre-vingt-dix kilos facile, j'étais un nain à côté de ce gaillard. C'était un phénomène biologique. Il portait un tee-shirt blanc froissé, maculé de taches fraîchement déposées, peut-être lors du repas servi dans l'avion ; un jean délavé et usé, qu'il ne cessait de réhausser pour éviter de montrer ses fesses. Si c'était un dieu, cette divinité avait revêtu une apparence très humaine, trop humaine pour impressionner le quidam. Il avait un visage pâle, large, un front arrondi, un crâne ovoïde légèrement dégarni. Des joues bouffies et une barbe de trois jours encadraient une bouche aux lèvres épaisses, dont manifestement la capacité d'absorption était gargantuesque. Je soupçonnais déjà cet obèse d'être un ogre.

Christina l'installa à l'arrière, du côté droit. Son BlackBerry toujours collé à l'oreille gauche, il bougonnait avec son interlocuteur, sans me prêter aucune attention. Dès que tout le monde fut installé, je démarrai sans plus attendre. Pour les présentations, on verrait plus tard. Le client devait être mis devant le fait accompli. La circulation était fluide. Nous quittâmes rapidement la zone de l'aéroport.

Mon géant finit par raccrocher son téléphone. Alors qu'il étouffait un bâillement, nos regards se croisèrent dans le rétroviseur intérieur. Je vis ses yeux changer instantanément d'expression, passer de l'indifférence à l'inquiétude.

– *What the fuck*[3] ? Où est Pierre ? s'écria-t-il avec autorité et colère. Pourquoi on ne m'a pas prévenu ?

Anna, assise à mes côtés, se retourna vers lui.

– Pierre est tombé malade hier. Il a attrapé un microbe. C'est Mickaël qui le remplace. Il sera votre chauffeur pendant le festival.

Il continua de braquer avec insistance son regard sur moi, un rictus plein de dédain aux lèvres. Il paraissait se demander : « Qui es-tu, toi ? » et ne cessait de me dévorer des yeux, supputant la confiance que l'on pouvait m'accorder. La sonnerie de son téléphone interrompit cette confrontation visuelle.

– Ben ? Je t'écoute.

La conversation portait sur un remake de *Lawrence d'Arabie*, envisagé avec Leonardo DiCaprio dans le rôle-titre

---

3. C'est quoi ce bordel ?

et tourné dans les studios de Tarek Ben Ammar à Tataouine en Tunisie. Seulement voilà que Harvey Weinstein, par peur des terroristes, n'était pas trop enthousiaste pour tourner ce film au Maghreb.

– Les extrémistes vont nous faire la peau dans ton Sahara de merde.

L'entretien terminé, il se servit un Coca, sans en proposer à ses assistantes. Il l'avala d'une traite, après quoi il rota abondamment. Il baissa sa vitre. L'air frais du matin envahissait l'habitacle. Il pencha la tête au-dehors.

Inquiet, j'interrogeai Anna du regard. Je n'avais qu'une crainte, c'était qu'il refuse ma présence et demande à rencontrer Pierre. Mais Anna se contenta de cligner des yeux et de secouer légèrement la tête de haut en bas pour me signifier que tout allait bien. En effet, l'ogre remontait la vitre. Son visage était toujours aussi pâle ; s'il sortait d'une lourde opération, c'était normal. Avec la régularité d'un métronome, il hochait la tête de droite à gauche et faisait « Hum… Hum… Hum… », comme s'il méditait l'un des mille projets qui l'accaparaient. Soudain, il hurla :

– Mickaël !

Comme les deux assistantes, je sursautai.

– Mickaël ! *Holy shit*[4] ! Tu vas rouler plus vite que ça ! Hum, compris ? Je suis en retard, tu comprends ? Tu vas passer d'abord à l'Eden-Roc. Je m'y arrêterai avant d'aller au Majestic. OK ? Kay ! Kay ! Hum… Hum… Hum…

– *OK, sir.* Je vais faire de mon mieux pour vous y conduire aussi rapidement que possible.

– Hum… Hum…

J'étais partagé entre le rire et la consternation.

4. Bordel de merde !

À l'Eden-Roc, à peine était-il descendu de voiture que le directeur en personne accourait. Le maître des lieux était suivi de ses chasseurs, telles des abeilles s'affairant dans une ruche.

– *Hello, Mister Weinstein*. Nous sommes ravis de vous recevoir cette année encore. Soyez le bienvenu.

– *Hi guys !* Comment allez-vous ?

Le chef concierge, Enriké, m'indiqua de garer mon véhicule à l'entrée. Il n'y avait pas de doute, je transportais un poids lourd du cinéma. Les autres voitures devaient impérativement rejoindre le parking. M. Weinstein se dirigea quant à lui vers le restaurant. À cette heure-ci, on servait un brunch autour de la piscine.

Tout compte fait, c'était peut-être un privilège pour la personnalité d'avoir son véhicule stationné devant l'hôtel, mais certainement pas pour le conducteur. Au parking, invisibles, les chauffeurs s'autorisaient à fumer une cigarette, à se rafraîchir, à passer leurs coups de fil. Moi, j'étais comme un membre de la garde royale de Buckingham Palace, en mode statique et imperturbable. Seule occupation possible, avec les assistantes, démasquer les stars de cinéma qui déguisaient leur visage. Au jeu des repérages et des identifications, Christina était la plus forte.

– Là, c'est Brad Pitt et Angelina Jolie !

Sous leur accoutrement – casquette italienne enfoncée jusqu'aux oreilles, lunettes Tom Ford, gabardine avec col relevé pour lui, tandis que sa muse était revêtue d'une tenue hypermasculine –, je ne les avais pas reconnus.

En revanche, j'avais bien identifié les chauffeurs, Silvano le Rital, celui de la voiture banalisée, et Andrew l'Australien, celui de la Range Rover, la voiture suiveuse, à l'intérieur de laquelle quatre gardes du corps étaient prêts à en découdre. Cela m'amusa parce que dans le métier il était bien connu qu'Andrew avait peur de son ombre.

Pendant que l'ogre Weinstein se sustentait, je vis mon pote Zéphyr déposer Johnny Depp. Selon la rumeur, il serait devenu son chauffeur attitré. C'était comme une répétition de la montée des marches, tant l'Eden-Roc est fréquenté par les acteurs américains. Tour à tour, nous vîmes défiler Leonardo DiCaprio, Sharon Stone, Nicole Kidman, Asia Argento, Julia Roberts.

Entre deux stars, Anna et Christina me briefaient sur la personnalité du boss. Elles me conseillèrent de retirer les boissons sucrées, les bonbons, les chewing-gums, malgré la liste communiquée. Harvey Weinstein sortait d'une intervention chirurgicale grave.

Christina m'avertit qu'il n'était pas question de rouler le boss. Il connaissait bien la Côte d'Azur, les trajets et le temps nécessaire pour se déplacer d'un endroit à un autre. Du reste, il pouvait s'amuser à jouer l'ignorant, rien que pour vérifier l'honnêteté du chauffeur. Elle me confirma aussi qu'il ne supportait pas plus les feux rouges que les embouteillages. C'était maladif et pas un caprice de diva. Il souffrait d'agoraphobie, et les encombrements sur la route ou dans une salle provoquaient en lui suffocation et panique. Cela me promettait de belles scènes en perspective, avec la circulation infernale qui régnait à Cannes durant le festival.

Les filles étaient en train de me questionner pour savoir quels étaient les bons plans de sorties à Cannes, quand le patron réclama Anna de toute urgence. Une histoire de batterie de téléphone tombée en rade en plein milieu d'un coup de fil. J'ai vu le visage d'Anna changer subitement de couleur. Sortant précipitamment de la voiture, elle faillit tomber tant elle était anxieuse.

Au bout d'une heure et demie, les voituriers Miguel le Portoricain et Karl l'Autrichien, dont la fonction était de veiller sur le restaurant comme sur un temple, me prévenaient de la sortie imminente de mon client. Je démarrai lentement et approchai le véhicule pour le récupérer. Weinstein me fit dire par Anna de filer fissa au Majestic, où il était attendu. Situé à deux pas du Palais des festivals, cet hôtel est le plus prestigieux de Cannes.

C'était à prévoir, la Croisette était embouteillée. Mais à la vue du badge permanent du festival, un badge de couleur bleue, qui ornait le pare-brise de la voiture, des policiers de la nationale nous facilitèrent le passage. Un vrai sésame, ce badge, qui autorise à circuler sur la Croisette. Durant le trajet, j'ai bien vu que Harvey Weinstein continuait de scruter ma conduite, de peser mes qualités de chauffeur. Mon examen de passage était loin d'être terminé.

Je vous fais grâce de l'accueil au Majestic, comparable à celui de l'Eden-Roc. Même nuée de voituriers, avec à leur tête le numéro un de l'établissement, puis le numéro deux accompagné des membres du service de la conciergerie, des voituriers, et enfin, fermant la marche, les chasseurs… Pas moins d'une dizaine de personnes qui se livraient au traditionnel ballet des courbettes digne de Molière, avant de s'activer autour de la limousine. Malgré cette implication du personnel et de son encadrement, Weinstein semblait excédé de fatigue et irrité… Sans doute l'effet du voyage… Il persistait aussi à me jeter des regards fouineurs. J'essayais de ne pas y prêter attention. Un groom de l'hôtel remarqua l'absence du chauffeur attitré. Il me glissa à l'oreille :

– Mais, dis-moi, Pierre n'est pas là, tu le remplaces ?

– Oui, c'est bien ça, je le remplace, on fait croire à M. Weinstein qu'il est malade.

– Ah, OK ! Je vois…

Ici aussi, j'ai droit à une place réservée devant l'entrée. On me donne un macaron parking VIP qui va rejoindre, sur le pare-brise, les autres laissez-passer. Ça n'a l'air de rien, ces petits autocollants plastifiés, mais ils ouvrent, comme par miracle, une voie royale dans tout Cannes et les environs. Rien ne saurait entraver la marche des messieurs importants. Ce sont aussi des signes de puissance et de supériorité sociales.

Harvey Weinstein s'est enfermé dans un salon privé du Majestic avec son équipe au complet, composée de vice-présidents, de directeurs artistiques et de collaborateurs de production. Ils préparaient le séjour cannois comme une bataille militaire.

13 h 30. J'étais toujours cloué à l'entrée de l'hôtel. Je n'avais pas mangé et j'ignorais quand ça serait possible. Il était inconcevable que je pique-nique dans la voiture. Le temps s'écoulait lentement lorsque soudain une main se posa sur mon épaule. Cette étreinte, je la reconnaissais. Oui, c'était bien lui.

– Salut, Mickaël.

– Bonjour, Jean-Jacques.

– Alors ? Tout se passe bien ?

– Ouais, ça va. Enfin, le client a l'air quand même un peu speed.

– Oui, mais ça, vous le saviez ! Votre client n'est pas mère Teresa. Sinon, pas d'incident ?

– Non, bien sûr. Jusque-là, ça le fait. On verra pour la suite.

– Il n'y a pas de raison que ça ne continue pas comme ça. Vous voyez, Mickaël, je vous l'avais dit, vous allez y arriver. Contrairement à ce que vous pensez, vous n'avez pas été choisi au hasard ou par défaut. Au bout de la route, croyez-moi, ce sera le succès. Ce n'est pas sorcier, c'est mathématique.

On voyait bien qu'il n'était pas au volant. Jusque-là, ma confrontation avec Harvey Weinstein s'était bornée à des échanges soutenus de regards dans le rétroviseur. Lui et moi, nous l'avions jouée façon western, à la Sergio Leone. Mais quelque chose me disait que nous n'allions pas en rester là.

Juste après, un mail de New York m'informait du planning des prochaines heures d'Harvey Weinstein. Heureusement que Jean-Jacques n'était plus là, il y aurait mis son grain de sel. Un coup d'œil suffit pour découvrir que, dans l'immédiat, il n'y avait rien de prévu. Je disposais d'un moment de répit. J'en profitai pour aller m'acheter un plateau de sushis, juste derrière l'hôtel. Une bonne adresse. Je m'empressai d'avaler mon déjeuner tout en reprenant l'examen du planning des prochains déplacements.

À 19 h 30, le client participait à la cérémonie d'ouverture du festival. Il était prévu pour la fameuse montée des marches. Que serait le Festival de Cannes sans ses marches de la gloire ?

Ensuite, à 22 heures, il était invité à un dîner au Bâoli, sur le nouveau port, et enfin, à une heure du matin, soirée à la Vegaluna, une plage privée sur la Croisette qui organise des fêtes événementielles.

Pour l'instant, le programme n'était pas très compliqué. Tout cela se déroulait dans un périmètre restreint, un microcosme pas plus grand qu'un confetti où le gotha du cinéma mondial se retrouvait pour une procession des temps modernes.

Quant à moi, on me demandait de me rendre à Saint-Paul-de-Vence, où je devais récupérer une dénommée miss Ai Shu, une Chinoise, était-il précisé sur le mémo. Elle m'attendrait au Café de la Place, et je devrais la déposer à 18 h 30 au Majestic.

4

Les en-cas du dieu

Il était près de 16 heures quand je quittai Cannes. À Saint-Paul, je n'ai eu aucun mal à reconnaître miss Ai Shu. C'était la seule Chinoise attablée à la terrasse du Café de la Place. Mais, même sans cela, je l'aurais identifiée. Sa tenue ultra sexy m'aurait mis sur la piste. Quand cette pulpeuse Lolita m'a tendu la main, j'ai ressenti un frisson. Il émanait d'elle un *sex-appeal* incroyable.

Sacré Harvey, ai-je pensé. Tu as cinquante-cinq ans et cette gamine, la vingtaine. Est-ce raisonnable ? Ta femme est-elle au courant ?

Peu avant d'arriver au Majestic, Ai Shu reçut un coup de fil. C'était probablement pour lui communiquer le numéro de la chambre. Arrivée au Majestic, elle a bondi de la voiture et s'est engouffrée dans le hall de l'hôtel. Je me suis installé pour une longue et morne attente. Une de plus. Vers 19 heures, Anna m'a téléphoné pour me prévenir que Harvey ne se rendrait finalement pas à la cérémonie d'ouverture du festival.

Je pense que vous n'avez aucune peine à imaginer le sourire qui m'éclaira le visage, ni les notes de piano que j'esquissai sur le volant de la limousine. Nul besoin d'être devin pour imaginer la cause de ce soudain changement d'emploi du temps. Ce qui me soulageait, car j'ignorais encore tout des techniques du monstre, c'était que cette jeune fille ne pouvait être que consentante. Si elle restait dans la chambre, c'était qu'elle aimait ce monstre, elle souhaitait subir l'assaut du Gros Porc. J'avais envie de laver mon client de tout soupçon de coercion. Cela soulageait ma conscience ! Gros Porc peut-être, violeur non !

En revanche, selon Anna, le repas au Bâoli était maintenu, de sorte que j'avais quartier libre pour les deux heures à venir. Je téléphonai aussitôt à Myriam pour la prévenir que, ce soir, nous pouvions dîner ensemble. J'allais quitter le Majestic quand mon téléphone cellulaire se mit à sonner de nouveau. Le numéro affiché m'était inconnu.

– Salut, Mickaël, je m'appelle Antony, c'est Pierre qui m'a filé ton numéro, j'espère que je ne te dérange pas. Je n'en ai pas pour longtemps, j'ai une enveloppe kraft pour Harvey, évite de la laisser au soleil, c'est fragile.

– Tu travailles pour Harvey, mais où es-tu ?

– Je suis juste là en face de toi. Tu me vois ? C'est moi avec la casquette blanche, j'arrive !

Effectivement, un type se pointa devant la voiture, mais il me fit mauvaise impression ; son style casquette, lunettes, besace de facteur, tee-shirt, jean et Stan Smith aux pieds ne m'inspirait rien de bon. J'activai le verrouillage centralisé des portières et abaissai ma vitre. Il se présenta comme une vieille connaissance de M. Weinstein et, en me serrant la main, il me glissa une enveloppe en kraft, de petit format, mais assez épaisse :

– Il faut que tu la remettes à Harvey, c'est personnel, à conserver au frais surtout, il y a un compartiment réfrigéré derrière, tu permets que…

– Ah bon ! dis-je en palpant le paquet. Je peux savoir ce qu'elle contient, ton enveloppe ?

– C'est strictement personnel, même moi je ne sais pas ce qu'il y a dedans.

– Alors là ! Il va y avoir un contretemps, parce que tu vas être obligé de la remettre toi-même en main propre. Il est hors de question que je prenne ce paquet sans en connaître le contenu.

– Mais c'est pour Harvey, il est au courant.

– N'insiste pas, Antony, tu attends Harvey ou tu vas voir le concierge si tu as une commission urgente à lui faire.

Avant de me tourner les talons bizarrement, il reprit l'enveloppe en grommelant quelques mots désagréables, je le vis s'en aller de dos, Un drôle de gars, mi-intrigant mi-loubard, et sûr de lui, une sale gueule de voyou. Vous allez me trouver vieux jeu, mais il faut savoir que l'univers people attire toutes sortes d'escrocs et de combinards, qui obligent à demeurer sur ses gardes en permanence.

Pour être sûr d'avoir bien réagi, je décidai de m'entretenir avec un collègue que j'estimais, Léo, le plus ancien des voituriers du Majestic. Non seulement il éclaira ma lanterne, mais il me confia quelques anecdotes inédites sur le cas Weinstein et ses débuts à Cannes. Le Antony en question était effectivement un dealer auquel Harvey avait eu recours par le passé. Sauf que Jean-Jacques m'avait assuré que Harvey Weinstein avait renoncé à la cocaïne ! Le dealer tentait-il de raccrocher son meilleur client ? Qui fallait-il croire ? Dans tous les cas, il était inenvisageable de me mêler à ce trafic.

– Sois prudent, n'accepte rien à bord du véhicule… Un gars averti en vaut deux, termina Léo avec un clin d'œil pointé de son index.

– Je ne veux même pas chercher à comprendre, ce ne sont pas mes affaires, lui répondis-je.

5

Le cyclope

– Mickaël !

Myriam sursaute sur sa chaise et lâche sa fourchette. Elle me regarde, stupéfaite et inquiète, se demandant vraiment ce qui me prend de hurler ainsi.

– Mickaël ! *Holy shit !* Tu vas rouler plus vite que ça ! Hum, compris ? Hum, hum, compris ? Ensuite, tu vas passer d'abord à l'Eden-Roc. Je m'y arrêterai avant d'aller au Majestic. OK ? Kay ! Kay ! Hum… Hum… Hum…

Cette fois, elle éclate de rire. Elle a compris.

– Ce n'est pas possible ! Oh lalala, mais il est pas vrai, ce mec.

– Je t'assure. Je n'exagère pas. Quand il parle la bouche pleine de chewing-gums, on dirait… Jerry Lewis ! Voilà, c'est ça ! Depuis cet après midi, je me demande à qui il me fait penser. Jerry Lewis, mais oui !

– Eh bien, dis-moi, au moins tu vas t'amuser. Et toi qui en faisais une montagne.

– Ouais… Non… Je ne sais pas. Ce type, tout le monde le craint, parce que avec lui le service, c'est zéro défaut, zéro perte de temps. Il ne supporte pas les approximations ni les retards. Pour quelques secondes, il pète une durite. Si tu avais vu Anna, sa secrétaire, la pauvre. Elle est devenue blanche comme un linge quand elle s'est fait rappeler à l'ordre pour une histoire de batterie de téléphone. Et pourtant, crois-moi, ce n'est pas une débutante. Dans les hôtels, ils sont tous à plat ventre, des vraies carpettes. Tous ceux qui le connaissent rasent les murs.

– Bon, d'accord, c'est un dragon intolérant. Mais je te connais Mickaël, tu as le goût du travail bien fait, tu es perfectionniste, même maniaque, vous allez vous entendre, dit-elle en souriant.

Pour éviter un conflit, j'avais évité de parler à ma femme de l'opinion de Maxime et du surnom Gros Porc. Myriam est psychothérapeute, féministe en diable. Elle n'aurait pas supporté, même avec nos difficultés financières.

– …

– À part ça, il est intéressant ? Il produit quel genre de films ?

– C'est le producteur de Tarantino, *Pulp Fiction* est sorti grâce à lui. Il paraîtrait que c'est lui aussi qui a fait le forcing pour que le film ait la Palme. Tu te rappelles les fameuses soirées Miramax, dans les années quatre-vingt-dix ?

– Des orgies, tu veux dire ?

– Ça, c'est la rumeur publique. En fait, un copain de M. Carlos nous a expliqué que c'était une stratégie marketing pour avoir la Palme, une ruse pour que tout le monde parle du film.

– Ton client sait mêler l'utile à l'agréable, fit Myriam en grimaçant.

– Peut-être, mais c'est un grand monsieur du cinéma. Rien à dire sur ce plan.

– Si tu fais ton boulot consciencieusement, je suis sûre que tout se passera bien.

– Tout se passe déjà bien. J'ai réussi à passer un moment avec toi le jour de l'ouverture du festival, c'est fort, non ?

– Et question femmes ou question sexe ?

– Son épouse arrive dans quelques jours.

– Je parle des autres, Mickaël, et des partouzes…

– Qu'est-ce que tu veux dire ? dis-je innocemment.

– Tu me prends pour une idiote ?

– Il a seulement une maîtresse, une jeune Chinoise ramenée au Majestic, fis-je prudemment.

Pourquoi avais-je passé sous silence l'existence d'Ai Shu ? À cause du frisson ressenti en la voyant ? Parce qu'elle donnait une image scabreuse de mon client ? Je n'en savais rien. Ma femme lisait sur les traits de mon visage, comme d'autres le braille.

– Alors que sa femme sera présente au festival ? C'est du propre. Ton gars est un salopard.

– Comment as-tu deviné ?

– Tu crois que les femmes de chauffeurs ne parlent jamais entre elles ? Que j'ignore le surnom Gros Porc ?

–…

– Ton client me fait penser à un cyclope ! Il ne regarde que dans une direction ! Il faut que ça se mange ou que ça gicle, le reste, les sentiments, les idéaux, ça n'existe pas pour lui.

– Un cyclope ?

– Oh, tu m'énerves, tu n'as aucune mémoire. Souviens-toi du spectacle qu'on a vu ensemble : l'ogre avec un seul œil sur le front, qui voulait manger Ulysse et ses compagnons ! Le cyclope est cannibale et ne respecte pas les règles de civilité, comme ton Weinstein.

– Chérie…

– Sinon, dis-moi, avec le festival qui démarre, tu as dû en voir des stars…

– Ah, bien sûr, j'oubliais, j'ai vu du *people* à l'Eden-Roc. Mais c'était sans strass ni paillettes. Rien de glamour. Seul Christina les a reconnus. Si tu veux savoir, celle qui sort à peine du lot, selon moi, c'est Julia Roberts.

– Sérieux !

– Je t'assure. C'était Mathiew qui la conduisait. Quand elle est descendue de voiture, eh bien, je peux te dire que c'est un petit modèle, elle fait plus jeune que son âge, et tu n'as rien à lui envier. De toute façon, tu le sais, ma star à moi, c'est toi.

– Écoutez-moi ce charmeur !

La sonnerie de mon smartphone retentit.

– Désolé, ma chérie, mais le devoir m'appelle, j'espère que tu ne m'en voudras pas.

– Juste au moment où monsieur me jouait la grande scène de la séduction, dit-elle avec une moue.

– Eh oui, que veux-tu ? Boulot, boulot…

– Monsieur fait passer le devoir professionnel avant le devoir conjugal.

Elle semble sérieuse.

– Arrête, ne dis pas ça…

Myriam éclate de rire, fière de son tour.

– Cette nuit, ne m'attend pas.

– Je ne me faisais aucune illusion.

– Il a prévu de terminer la nuit à la Vegaluna, je ne sais pas à quelle heure je vais rentrer. Et dire que ça va être comme ça pendant toute la durée du festival.

– C'est pour la bonne cause, fait Myriam. Grâce à toi, nos finances seront remises à flot plus vite que prévu.

– Oui, mais attends-toi au pire en termes d'horaires. D'après ce que m'ont raconté les filles, avec lui, le planning bouge tout le temps. On ne sait jamais d'avance où il nous embarque ni dans quel bastringue on va atterrir. Il ne faut pas chercher à comprendre. L'essentiel, c'est d'arriver à destination. Le reste, c'est son affaire.

– Je me doutais bien qu'il y avait un prix à payer.

– Tu ne vas pas croire ce que Léo m'a confié sur lui. Tu sais, Léo c'est le plus ancien des voituriers du Majestic, il va bientôt partir à la retraite.

– Raconte !

– Il m'a révélé les débuts de Weinstein. Il y a trente ans, jeune et fauché, il arrivait au Majestic. Il faisait le rabatteur des grands producteurs musicaux de l'époque qui recherchaient des contrats dans le cinéma ou la télévision. Il n'avait aucune réservation dans un palace, il avait donc noué des liens avec le personnel du Majestic afin de squatter les chambres de service pour dormir. Quand ce n'était pas possible, certains comme Léo toléraient qu'il pique un somme sur les banquettes du salon pour quelques heures, quand le palace fermait ses portes. Au petit matin, l'équipe de ménage le réveillait, il se rafraîchissait dans les toilettes au sous-sol, ni vu ni connu. À cette époque, il mangeait à peine à sa faim, souvent des sandwichs froids, et se faisait prêter une cravate ou un nœud papillon pour monter les marches. C'est comme ça qu'il a réussi à s'infiltrer dans l'univers très fermé de Cannes et du marché du cinéma.

– Quelle histoire ! fait ma femme.

– Ces dernières années, il descend dans les mêmes palaces qu'il avait connu misérable et prend sa revanche en occupant les plus belles suites royales, en cravachant le personnel mis à son service ; sauf bien entendu, m'a assuré Léo, quelques anciens concierges ou voituriers qui l'ont aidé.

– C'est bizarre qu'avec des débuts aussi difficiles il ne soit pas plus tolérant avec les employés, remarque Myriam.

– Il aime la perfection, comment lui reprocher ? dis-je presque sans y penser.

Ma femme me regarde d'un drôle d'air.

– C'est le syndrome de Stockholm ? En une journée à peine, tu prends le parti de ton négrier ?

Pour changer de sujet, je lui raconte la visite du dealer.

– Pierre est gonflé de donner ton numéro à des dealers. Il va avoir de mes nouvelles. Sois très prudent, mon chéri, ces énergumènes sans scrupule peuvent te foutre dans la merde !

– J'ai carte blanche pour gérer le client, ne t'inquiète pas. Je ne vais rien laisser au hasard. Mais je t'embête avec mes histoires. Il ne faut pas que tu rates l'inauguration de la soixante-deuxième édition du Festival de Cannes, c'est retransmis en direct !

– OK, ça roule ! J'ai hâte de regarder cette soirée… Bisou.

Cette fois, plus sûr de moi, confiant dans ma mission, je prononce la formule tout haut et devant ma femme.

– Allez, en scène !

6

C'est le boxon

Me voici de retour au Majestic, il est 22 heures. L'attente ne dure que quelques minutes avant que M. Weinstein ne sorte du palace, entouré de ses assistants, de ses vice-présidents et de ses invités, dont la fameuse Ai Shu. Tout ce petit monde se montre très enjoué, prêt à aller se déchirer dans la nuit cannoise. Les collaborateurs se dirigent vers deux autres voitures tandis que mon client ouvre la portière arrière de mon véhicule à la Chinoise et à deux autres créatures féminines dont j'ignore l'identité. Il sait être gentlemen quand il veut. Il vient s'asseoir à côté de moi. Faute d'avoir accroché la ceinture de sécurité, l'alarme se met à sonner crescendo. Au bout d'un moment, n'y tenant plus, je lui fais signe de mettre sa ceinture.

– Ah, le sonore musical… *Bullshit*[5] ! C'était moi.

Les petits détails de la vie quotidienne semblent lui échapper.

Nous arrivâmes au Bâoli. Cette boîte me fait toujours l'effet d'une jonque amarrée au port. Les bambous et son architecture extrême-orientale. Les filles descendent retrouver les assistantes et l'ensemble du staff. Alors que M. Weinstein s'attarde dans la limousine, engagé dans une conversation téléphonique, apparemment avec quelqu'un d'important. Le ton ne cesse de monter. Quand le niveau sonore atteint

5. Connerie.

le hurlement, je comprends qu'il s'agit de son frère Bob. M. Weinstein a un désaccord avec son frangin. La Maybach tremble dans tous les sens. Pris d'une crise d'acouphènes, je dois sortir de la voiture.

Les autres sont déjà à l'intérieur. Au bout d'un quart d'heure, je le vois se diriger vers le Bâoli, le portable toujours collé à l'oreille. Les deux videurs à l'entrée le bloquent net dans son élan et le refoulent comme un malpropre. Il m'adresse alors des signes désespérés. J'accours.

– Mickaël ! Va dire à ces deux *bastards*[6] qui je suis ! Et fais-moi entrer. Vite !

– OK, Harvey. Ne vous en faites pas, je les connais. Je vous arrange le coup.

Dans notre métier, c'est le b.a-ba, de connaître les videurs de toutes les boîtes de nuit de la région. Comme ces deux Moldaves, des mastodontes, habillés en tee-shirt et jean noirs.

– Salut, Jordan.

– Salut, Mickaël.

– Ça va, Antar ?

– Ça va, je te remercie, eh, dis donc, il est avec toi, ce trou du cul ?

– Ouais. Mais doucement, les gars. Lui, c'est Harvey Weinstein, un producteur très célèbre et mon seul client pour la durée du festival, alors il ne faut pas me l'abîmer.

– Eh ben, la prochaine fois, tu diras à ce gros porc de décoller son tél de son oreille et de dire bonsoir. Un peu de considération. On n'est pas des bornes kilométriques.

– Eh, mais c'est un gros producteur de cinéma à Hollywood, toute sa production l'attend à l'intérieur. Il dépense gros, les gars !

– Nous, on s'en tape, c'est pas marqué sur son front !

---

6. Salopards.

– C’est bon, maintenant ? Les présentations sont faites, il peut entrer ? Merci, les gars. Et bon courage !
– Bonne soirée à toi, Micka.

Je retourne vers Harvey, toujours au téléphone. Inquiet, il m’interroge du regard, il ne parle pas français et semble n’avoir rien capté de la discussion avec les videurs du Bâoli.
– C’est bon. C’est arrangé. Il faut les excuser, c’est des nouveaux physionomistes, ils ne vous connaissaient pas et ils ont des consignes très strictes ici.
– OK… kay… kay…

Je laisse mon véhicule au chasseur pour l’accompagner à l’intérieur. En passant devant les videurs, Harvey leur adresse un sonore et maladroit :
– *Hello guys !*
– Eh ben, voilà quelqu’un de bien élevé, répond Jordan. Bonne soirée, monsieur le producteur.

Weinstein m’avait scotché. C’était un intuitif, qui n’avait pas besoin de mots pour saisir une situation. Le fait devait se reproduire souvent.

Le Bâoli était plein à craquer. La musique techno mordait les muscles, irritait les nerfs. Les jeunes femmes étaient toutes plus belles les unes que les autres. Beaucoup étaient venues là pour exhiber leur silhouette, dans l’espoir d’être repérées par un producteur ou un metteur en scène. Elles se laissaient facilement approcher. Mon cœur tambourinait dans ma poitrine, au rythme de la musique. Je sortais de temps à autre jeter un coup d’œil à ma voiture, m’assurer, par acquit de conscience, que tout allait bien.

Au bout d’une heure, Anna quitta l’établissement. Elle avait retiré ses escarpins et marchait pieds nus sur le bitume. Elle m’aperçut.

– Salut, Mickaël.

Elle avait l'air un peu éméchée.

– *Hello, Anna.*

– *Hi Mickaël,* je te laisse avec le boss. Il a bon appétit. Sa table est pleine de filles. Je ne sais pas d'où elles sortent, ni comment il les connaît. C'est le bordel. Moi, ça me pompe l'air : ça fait dix ans que je suis à son service, j'en ai ras la casquette ce soir, j'ai fini mon travail. Je rentre me coucher.

– Tu veux que j'appelle une voiture pour te raccompagner ?

– Non merci, pas la peine. À demain, Mickaël. Bon courage avec la suite du programme, tu verras avec lui.

– Bonne nuit, Anna. Rentre bien. Et fais attention à toi. À demain.

Il était deux heures du matin. Afin d'évaluer le programme, j'entrai dans l'établissement. Harvey était assis à une table encombrée de bouteilles de champagne, de vodka, de gin, de whisky et d'une énorme piscine de tequila garnie de pailles géantes… Avec sa jaquette froissée sur les épaules, son nœud pap défait à la Paul Newman, sa barbe sale, sa chemise débraillée, son pantalon tenu par des bretelles, il portait beau, le producteur ! Six à sept filles tourbillonnaient autour de lui en se tortillant. Elles étaient complètement torchées, tenaient à peine debout sur leurs talons aiguilles. Weinstein me fit signe de m'approcher et me parla à l'oreille.

– Tu payes ! Anna ne t'a rien dit en partant ?

– Non !

– Après, tu nous emmènes à mon bureau de production. J'ai promis de les filmer, dit-il en me faisant un clin d'œil.

Puis de son index, il désigna quatre filles.

– Toi, et… toi, eh viens voir toi, regarde-moi et toi aussi.

Il avait choisi deux filles effilées de plus d'un mètre quatre-vingt, portant un short string en cuir, et deux magnifiques sœurs jumelles, qui prétendaient avoir dix-neuf ans. Curieusement, Ai Shu était de l'équipée. Le reste du staff était resté au Bâoli… Si je comprenais bien, la soirée Vegaluna était subitement annulée. J'allais peut-être rentrer chez moi plus tôt que prévu. Enfin, rien n'était moins sûr. Avant de monter dans la voiture, le boss me réclama des préservatifs.

Je déposai tout ce petit monde au pied de l'immeuble des résidences du Gray d'Albion au 4, rue des Serbes. M. Weinstein me demanda de stationner là et d'attendre. C'était parti pour un nouveau cycle. Dans notre métier, on passe parfois plus de temps à attendre qu'à conduire. Épuisé, je baissais la garde et somnolais quand mon téléphone se mit à vibrer. Il était 4 h 30 du matin.

– C'est moi, Ai Shu. Harvey a dit que tu devais me raccompagner à Saint-Paul. Et après tu reviens le chercher. Je descends dans vingt minutes.

Un rapide calcul dans ma tête : le temps de conduire la Chinoise et de revenir, il serait facilement 6 heures. À tous les coups j'allais me coltiner les autres filles, les ramener chez elles.

Mon portable vibra de nouveau. Cette fois, c'était M. Weinstein en personne, la voix alanguie.

– Mickaël ! Tu vas raccompagner les jumelles chez elles. Et demain tu me les ramènes, à quatorze heures trente. Pour moi, tu viens à onze heures pile, au Palais des festivals, avec les journaux du jour. Pas ceux de la veille, *jerk*[7] ! Compris ?

– Oui, monsieur.

– Bon. Hum, hum. Ah, tu ramènes aussi Ai Shu.

– Entendu, monsieur. Donc à demain, ou plutôt à tout à l'heure.

---

7. Crétin !

Depuis le temps qu'il venait en France, il devait pourtant savoir que les journaux américains arrivaient avec au moins un jour de décalage. Il fallait que ses assistantes lui expliquent. Il ne m'avait pas parlé des deux autres filles. Il devait se les garder pour le restant de la nuit. Oh, puis merde, ce n'était pas mes affaires. Moins je m'en mêlerai, mieux ça vaudra.

Les filles finirent par sortir de l'immeuble. Elles étaient défoncées ou alcoolisées. Elles prirent place toutes les trois à l'arrière de la voiture. Ai Shu indiqua la marche à suivre.

– Tu me déposes d'abord à Saint-Paul, et après tu les emmènes chez elles, à Mougins. Elles t'indiqueront le chemin.

– OK !

Toutes trois me paraissaient bien excitées. Elles ne tardèrent pas à confirmer mon impression. À peine étions-nous sortis de Cannes que ma voiture se transformait en boxon. Malgré la nuit, je les distinguais clairement dans mon rétroviseur intérieur. Les halètements et les gémissements étaient explicites, elles rejouaient des positions expérimentées lors de la partouze avec Harvey.

L'une des jumelles était une lady boy ! Weinstein était-il conscient d'avoir gambadé avec une drag-queen ? J'étais choqué ! Je l'ai déjà dit, je suis passablement vieux jeu sur la question des genres sexuels. Le ciel s'éclaircissait peu à peu. Dans la voiture, le secret du jumeau se dévoilait quand il ou elle essayait de se repoudrer le nez, sa petite barbe naissante ainsi que sa pomme d'Adam brillaient à la lueur du jour, et sous la minijupe j'aperçus (dans le rétro) une grosseur suspecte. Dans l'euphorie de la soirée, Harvey ne s'était sûrement pas rendu compte de la supercherie.

En moi-même, je me disais : Courage, Micka ! Sois stoïque. Et pense à Myriam qui va devoir nettoyer la voiture. Pourvu qu'elles ne salopent pas trop les sièges.

Le soleil était levé quand je rentrai à la maison. À la boulangerie du coin de la rue, j'achetai des viennoiseries et du pain frais. Je savais que Myriam m'attendait pour prendre notre petit-déjeuner ensemble avant qu'elle ne parte travailler. Je lui fis un récit soft de la soirée, en zappant la fin. Elle m'écouta sans faire de commentaire, mais je savais qu'elle condamnait ce comportement. Après quoi je tombai dans mon lit, je n'avais que deux heures pour récupérer. Dans ma tête, j'étais perdu, tiraillé entre la désapprobation et le devoir de travailler pour un grand homme d'Hollywood. Quel besoin avait-il de multiplier les conquêtes, de consommer quatre femmes en même temps ? (Enfin, trois et demie !)

Pour la première journée du festival, j'avais fait le tour du cadran sans m'en apercevoir.

7

Mickaël ! I love you !

Comment ce client si difficile m'a accordé sa confiance ? Rien d'illégal ni de malhonnête. Simplement, un jour de ce festival, j'ai forcé son estime. La journée avait bien mal démarré. Je conduisais M. Weinstein à un rendez-vous quand nous nous sommes retrouvés prisonniers d'un de ces embouteillages monstres comme la Croisette peut en connaître pendant le festival. Il n'y avait plus qu'à prendre son mal en patience.

Soudain, un bruit m'intrigua, comme un halètement. Un coup d'œil à mon rétroviseur intérieur, je le vis qui s'agitait sur son siège. Il suffoquait. L'avertissement d'Anna et Christina me revenait en mémoire : « Autant que tu le saches, Mickaël, M. Weinstein est agoraphobe. Il a besoin de fluidité autour de lui, d'un espace dégagé, sinon il s'étouffe… » Il fallait absolument le sortir de là, il pouvait faire un malaise. Pourquoi pas un AVC tant qu'on y était ? De solutions, je n'en avais pas trente-six. Ça circulait beaucoup mieux sur la voie d'en face. Je braquai à gauche, grimpai sur le terre-plein qui séparait le boulevard en deux, la voiture patina un court instant sur le gazon mais, une fois l'accélérateur relâché, les pneus crissèrent et elle repartit. La voiture passa entre deux palmiers, descendit le terre-plein, évita de justesse une auto arrivant à toute allure de la droite, qui fut obligée de déboîter brusquement, klaxonnant comme une folle.

Je repartis en contresens, sur une voie bien dégagée, mais filmé par les caméras suspendues aux lampadaires de la ville. J'avais intérêt à demander un certificat médical à Harvey si je voulais conserver mon permis. Mais j'avais bien fait, ma manœuvre lui avait redonné des couleurs. Il a baissé sa vitre, passé la moitié de son buste à l'extérieur et hurlé comme un adolescent :

– Waouh ! *This is the festival !*

Il rentra de nouveau dans l'habitacle et, toujours aussi déchaîné, il lâcha.

– *Mickaël ! I love you !* Tu es le meilleur chauffeur du monde ! Waouh !

C'est ce jour-là que j'ai remporté la partie, que j'ai gagné mes galons de chauffeur attitré d'Harvey Weinstein. Pourquoi le nierais-je ? M'entendre dire « *I love you* » par ce nabab devant qui tout le monde se prosternait me procurait chaque fois, car il y en eut d'autres, une incommensurable fierté. Ce jour-là j'avais non seulement fait la démonstration que j'étais capable de conduire ce client réputé ingérable au sein de la profession, mais désormais lui-même ne jura plus que par moi. Au royaume des chauffeurs de grande remise, je venais de détrôner Pierre.

Harvey avait beau se montrer tyrannique, pervers, odieux, abject, répugnant, immonde, dégueulasse, infâme, incarner tous les défauts de la terre, il restait le grand manitou d'Hollywood. Et, à cette époque, on pardonnait tout aux dieux vivants du cinéma. Voilà, vous commencez à comprendre l'ambiance, à sentir le personnage, ses tics et ses tocs, ses vices et sa corruption.

Bizarrement, les premières années, j'ai eu droit à des égards. L'ogre tenait à son chauffeur cannois, à sa rigueur, à son efficacité à toute épreuve. Bien sûr, j'avais tout fait, tout accepté sans compter, j'avais usé mes genoux jusqu'au sang pour perfectionner mon service et améliorer mon anglais. Je répondais à chacun de ses désirs, m'adaptais à l'emploi du temps d'un des producteurs/distributeurs les plus importants de l'Amérique. J'étais son ombre.

En réalité, je jonglais entre deux emplois du temps : il y avait le *schedule*, le programme *movie business* géré depuis New York dans les bureaux de la Weinstein Company (qui d'ailleurs bougeait tout le temps, changements que je devais répercuter aux assistantes présentes à Cannes), puis l'agenda « pour garder le moral », selon la formule de Weinstein. C'était une suite de toquades ou d'arrangements sexuels, parfois agencés depuis longtemps, d'autres fois soudains comme la foudre, mais toujours irrépressibles et aussi importants pour lui que les rendez-vous professionnels. Les deux agendas coexistaient plutôt mal que bien, surtout avant que sa femme n'arrive au festival, quand ses envies subites prenaient le pas sur tout le reste. Mais à la fin, devinez qui devait trouver le moyen de rattraper les dégâts ? Sûrement pas Weinstein, ni New York ! Beaucoup de choses reposaient sur mes épaules et je dois reconnaître que je n'en étais pas peu fier.

Où en étais-je ? Ah oui, mes belles premières années avec mon animal de cyclope. C'était certes une bête sauvage, il était imprévisible et amoral mais, tout en m'exploitant comme un esclave, il n'entamait pas ma dignité. Mon atavisme berbère et ma nature de mâle alpha supportaient sa sévère domination. Mieux, j'allais de merveille en merveille. Non seulement il me permit de me mettre à mon compte pour le servir davantage, mais il m'ouvrit les coulisses du cinéma par sa conversation, me fit toucher l'art de raconter des histoires grâce aux scénarios qu'il parcourait à l'arrière de la limousine.

Quand il n'était pas au téléphone, M. Weinstein lisait des scénarios dans la voiture. L'habitacle arrière en était rempli, ils s'entassaient en piles, parfois jusqu'à ses genoux. Le verbe lire n'est pas exact, car il les pénétrait, les transperçait en un temps record, comme par un don de seconde vue. Les très rares scénarios élus passaient dans la boîte à gants, les autres finissaient au broyeur. J'avais le droit de lire les histoires qu'il jugeait capables de faire un bon film.

Mais de quoi se plaint cet ingrat ? doivent murmurer certains. Il doit énormément à Weinstein.

Attendez, les gars, vous n'avez rien vu. Un peu de patience.

8

Au revoir Bob

Nous sommes maintenant en mai 2009, au 62e Festival de Cannes, j'entame ma dernière année chez Plaza International. Grâce à mes archives et à la bureaucratie tatillonne de la Weinstein Company, je peux reconstituer chaque heure passée avec le grand producteur américain. En décrivant ces moments, je les ressens si intensément que j'ai l'impression de les revivre, de voyager dans le temps.

C'est le deuxième jour du festival. J'ai tout juste une demi-heure pour me préparer. Myriam est déjà partie travailler. Elle m'a préparé mes vêtements, renouvelé mon minibar. C'est une perle, cette femme : elle arrive à m'aider malgré son job qui l'accapare. Histoire de me mettre dans l'ambiance, je regarde si le planning de la journée est déjà arrivé par mail. Il me paraît chargé. Les choses sérieuses commencent avec notamment la présentation en compétition officielle du film *Inglourious Basterds* réalisé par Quentin Tarantino et produit par la Weinstein Company, la société d'Harvey et de Bob, son frère cadet. Un film à gros budget, avec une distribution coûteuse : Brad Pitt, Mélanie Laurent, Christoph Waltz, Eli Roth, Diane Kruger, Michael Fassbender.

La projection est prévue à 19 h 30, suivie à 22 h 30 d'un cocktail organisé par la production. Avant la montée des marches, je dois être à 11 heures au Palais des festivals pour récupérer Harvey, car il déjeune à midi sur l'Odessa, un immense yacht qui appartient à un philanthrope russe, actuellement en rade dans la baie cannoise. À 15 heures, je dois récupérer à l'aéroport de Nice M. Bob Weinstein, le frangin et le second président de la TWC production. Sans oublier de prendre au passage à l'aéroport une certaine Emily, la collaboratrice française de production. Le boss m'a également demandé d'aller à 14 h 30 à Mougins, chercher une fille rencontrée la veille, pour son moral comme il dit. À part les assistantes qui le gèrent sur place, personne ne doit être informé de cette contrainte supplémentaire.

Je suis un peu en avance au Palais des festivals, ainsi que me l'avait demandé M. Weinstein. Le Palais est le poumon du Festival de Cannes, les projections importantes et le marché du film se déroulent dans ce lieu futuriste. D'où l'intérêt de résider au Majestic, juste en face. Harvey n'a qu'à traverser la rue pour remplir son couffin de films, qui pourront faire un carton aux États-Unis. Anna me rejoint dans la voiture. Elle s'assoit à l'arrière.

– Salut, Mickaël. Comment ça va ce matin ?

– Bonjour, Anna. Ça va, je te remercie.

– Alors hier soir, comment ça s'est terminé ?

– Il m'a demandé de le déposer à ses bureaux de la résidence du Gray d'Albion…

– Je suppose qu'il n'est pas rentré seul. Combien ?

– Combien quoi ?

– Tu as très bien compris. Combien de filles ?

– Quatre, comme l'an dernier au premier jour. Il tient la forme.

Elle ne fait aucun commentaire, mais sourit tristement. J'aime bien Anna, elle m'a livré beaucoup d'informations pour comprendre Harvey. Son français est fluide, et son accent lui donne un charme exotique. Parfois, je la soupçonne d'être amoureuse du boss.

– Quand arrive sa femme ?
– T'es impatient, hein !

Nous cessons notre conversation. Harvey sort du Palais des festivals au pas de charge, très énervé. À sa démarche, on ne se douterait pas de la nuit qu'il vient de passer. Anna s'empresse d'aller au-devant de lui pour lui ouvrir la portière.

– *Push off*[8] !

L'ordre est tombé comme un couperet. Anna me fait signe de la suivre. Nous nous éloignons de quelques mètres, à l'ombre d'un pin parasol. Qu'est-ce ce qui me vaut cette injonction ? Hier soir, j'ai raccompagné les filles comme il me l'avait demandé. Et ce matin je suis au rendez-vous comme prévu… Anna a deviné mon souci. Elle cherche à me rassurer.

– Ne t'inquiète pas, Mickaël. Ce n'est pas après toi qu'il en a.
– Non, non, ça va.
– De temps en temps, il a besoin d'être seul pour ses conversations téléphoniques.
– Oui, bien sûr. C'est le boulot qui veut ça.
– Le boulot, et des fois… pas le boulot.
– Oui.
– Mais là… c'est le boulot.

Je sens qu'Anna meurt d'envie de me prouver qu'elle est dans la confidence.

– Tu le gardes pour toi ?
– Une tombe.
– Il cherche à joindre son frère Bob.
– Ah oui… Moi, j'ai adoré ses films aussi, il est trop bien ce mec ! C'est marrant, mais hier déjà il s'est frité avec Bob.

8. Dégage !

D'ailleurs j'ai quitté la Maybach garée devant l'entrée du Majestic à la demande d'Harvey pour les laisser se chamailler entre eux, et c'était pareil l'an dernier.

– Justement, la discussion risque d'être sanglante aujourd'hui.

– Ah bon ? À ce point ?

– Oui, Harvey veut virer Bob. Depuis des années ils ne s'entendent plus, se disputent sur des films. Et notamment sur le remake d'un gros film français qui a fait un énorme succès planétaire, *Bienvenue chez les Ch'tis*.

– Ah ! oui bien sûr, je l'ai vu.

– Harvey est intéressé, il veut acheter les droits pour distribuer le film aux États-Unis, mais Dany Boon refuse le *final cut* d'Harvey, qui veut formater une version internationale différente de la version française !

– Quel intérêt, c'est un film qui marche dans le monde entier ?

– C'est la spécialité d'Harvey, pour s'approprier des droits et passer devant le metteur en scène. Bob veut qu'il laisse le réalisateur tranquille, je le sais par un de ses assistants.

– C'est pas vraiment méchant comme dispute.

– Erreur, Bob ne supporte plus le comportement d'Harvey, ses frasques et ses soirées d'orgies qui donnent une très mauvaise réputation à la famille Weinstein. En plus, Harvey dépense beaucoup trop d'argent dans les soirées événementielles et caritatives, il donne sans compter et sans consulter la société de production, qui comprend plusieurs associés maintenant.

– Si je comprends bien, il y a le gentil et le méchant dans les frères Weinstein, et toi tu n'as pas de chance, tu as hérité du méchant loup.

– Tu as tout compris. Si tu voyais comment il nous traite au bureau, les autres assistantes et moi, tu n'en reviendrais pas, mon cher Mickaël. Toi tu es le dernier maillon de la chaîne, si tu savais ce qui se trame chez nous aux States, dans les bureaux et dans les suites royales des hôtels ! Mais tu te sauverais en courant, mon pauvre.

– Ah bon ! Et là ça va chauffer ? J'imagine.

Anna est une fille sympa, mais elle a tendance à dramatiser. J'ai mon idée sur la question.

– D'après Harvey, Bob n'a toujours pas fait tourner la moindre image. Il vivote sur des projets anciens qui auraient déjà coûté beaucoup d'argent. Harvey veut reprendre le contrôle, quitte à aller chercher les fonds chez les oligarques russes, les patrons de CAC 40, les princes arabes, et ça, Bob ne l'acceptera jamais. C'est quand même lui qui a porté l'entreprise à maturité et qui a géré les banques. Et il y tient sacrément, à son poste. Mais Harvey a décidé de s'en séparer, c'est la guerre entre eux depuis qu'ils ont créé leur filiale Dimension Films.

– C'est dur d'en venir là entre frères !

– C'est comme ça dans le showbiz. Même quand on est frères. Harvey veut rester le seul maître à bord, un point c'est tout.

Je profite de ce qu'Anna est en verve pour l'interroger.

– Dis-moi, tout à l'heure je dois aller chercher une certaine Emily. C'est qui ?

– Emily ? C'était l'assistante d'Harvey sur la fin de Miramax France / Europe ; elle avait disparu de la circulation et la voilà de retour, mariée et productrice. C'est une battante. Elle a réalisé de jolis coups avec la TWC depuis qu'elle est revenue, mais elle se prend pour ce qu'elle n'est pas… Elle n'a pas le génie d'Harvey, elle finalise bien, c'est tout.

– Elle est comment physiquement ? Je vais la reconnaître ?

– Oh oui, elle est grande de taille et plantureuse, elle pourrait être la sœur jumelle d'Harvey. Tu verras, le mimétisme est flagrant.

– Elle est sympa ?

– Méfie-toi d'elle, elle est très proche d'Harvey. Bon, évidemment, elle a dû succomber à certaines pressions de sa part, comme moi et comme la plupart de ses assistantes.

Boum ! Je m'en doutais. J'étais sûr qu'elle avait eu une liaison avec Harvey. Il y avait toujours de l'amertume dans sa voix quand elle parlait des filles consommées à la douzaine par le boss.

– Elle fait quoi dans la compagnie ?

– Elle a longtemps été les yeux et les oreilles pour devancer la concurrence. Maintenant, c'est elle qui va superviser l'événementiel et la promotion d'*Inglourious Basterds* en compétition officielle.

Notre échange est interrompu par Harvey qui nous fait signe de revenir. Une fois installé dans la voiture, il lance à Anna :

– Voilà, c'est fait. *Bye bye, Bob !* À partir d'aujourd'hui, je t'interdis de communiquer avec ses assistants, Patrick et compagnie, compris ?

Puis il ajoute :

– Il n'y a la place que pour un seul génie dans la Weinstein Company. Le boss c'est moi et personne d'autre. Mon frère, il n'a qu'à faire son cinéma tout seul maintenant.

Et il part d'un éclat de rire homérique.

– Mickaël ! Conduis-nous au quai Saint-Pierre, sur le vieux port. Et que ça saute, tu veux ?

Puis s'adresse encore à Anna :

– Len nous invite à déjeuner sur son yacht. Tu vas encore t'empiffrer de caviar, tu me fais honte.

– Tu sais bien, Harvey, c'est mon unique vice.

– Non, mais écoute-la, ce goinfre !

Si j'ai bien compris, Len est le propriétaire d'un méga yacht et d'un palace. Il appartient à la communauté de ces Russes richissimes qui pullulent dans la région depuis quelques années. Leur arrivée date des années quatre-vingt-dix, des années fastes où la vague des oligarques a déferlé sur la French Riviera, gratifiant tout et n'importe qui à coups de billets de cinq cents. Évinçant aussi les princes de la péninsule Arabique dans le folklore régional.

Sur le quai Saint-Pierre, je reconnais Christina, accompagnée de deux des grands adjoints dans la production d'Harvey : Brandon Boya et David Glasser. Harvey attend qu'Anna soit descendue de voiture pour me donner ses dernières consignes.

– Mickaël, tu n'oublies pas de me ramener une des filles d'hier soir. Elle t'attend au même endroit. Tu la conduis à l'hôtel du Cap… Okay ?

– OK ! c'est noté.

Je n'aime pas cet aspect de mon travail, je suis étonné qu'il soit emballé par une blonde vulgaire, semblable à une *playmate* de *Playboy*, alors que sa femme a tant de classe. Mais, comme on dit, l'herbe est toujours plus verte chez le voisin. Si ces adultères sont nécessaires à son génie, pourquoi l'en priver ? C'était ma pensée au début.

À présent, je le regarde prendre son élan avant d'enjamber la passerelle, il hésite pour finalement se jeter à plat ventre. Il se retrouve à quatre pattes sur le tender, aidé des skippers et de ses assistants. Tous lui tendent une main secourable pour qu'il ne tombe pas à l'eau. Après quoi, l'annexe file à vive allure en direction du superbe yacht en rade dans la baie de Cannes. La mer est houleuse.

Pour moi, direction Mougins. Une vieille demeure ombragée nichée dans une colline au fond d'un chemin paumé en cul-de-sac, non répertorié au GPS. La crèche d'un réseau de call-girls, protégé par une brigade d'hommes de main avec qui on ne rigole pas du tout. Et en plus sa nouvelle maîtresse est une pute, me dis-je en rentrant. Monsieur Weinstein, que faites-vous ?

Je cogite tout en filant à l'aéroport récupérer Emily pour la conduire à son hôtel. Quant à Bob Weinstein et son assistant Patrick, ils seraient arrivés plus tôt que prévu, en jet privé, à l'aéroport de Cannes-Mandelieu. Ce qu'Andrew de l'office de L.A. me confirmait par téléphone.

Anna avait doublement dit vrai. Emily est une femme rondelette, au physique quelconque et d'un abord antipathique. Durant le trajet, elle n'a pas arrêté de me solliciter des yeux. Concentré sur la route et le trafic toujours très dense, je l'ai zappée.

Je m'arrête à proximité du Palais des festivals où aurait lieu le soir même la projection de *Inglourious Basterds*. Emily me demande de garer la voiture et de la rejoindre devant le Palais. Elle commence à m'énerver. Je ne suis pas à son service, je suis censé conduire le boss dans sa voiture, pas ses collaborateurs qui profitent de la limousine de luxe.

– Ne t'inquiète pas, fait-elle. Harvey est au courant.

Je me contente d'un geste de la tête et la retrouve devant le Palais.

– Viens avec moi ! dit-elle.

J'ignore où elle m'entraîne. Pour l'instant, elle se dirige vers une plage, celle où, après la projection, doit avoir lieu le cocktail de la Weinstein Company. Un dîner est également prévu sur le *Harle Boat*, un yacht de cinquante mètres que la maison de production emprunte pour l'occasion à son propriétaire, un autre ami d'Harvey. J'observe Emily donner ses instructions. Elle vibrionne. Pourquoi m'a-t-elle demandé de l'accompagner ? Je me pose encore la question.

Mon portable vibre. Je rêve ! Mais non, c'est Harvey Weinstein qui m'appelle pour la deuxième fois.

– *Hi, Mickaël.* Achète-moi des préservatifs aux fruits et un tube de lubrifiant. Et trouve-moi aussi du Viagra 100 mg. Plusieurs boîtes. À tout à l'heure.

– Attendez… OK pour les préservatifs et le gel, mais… pour le Viagra… moi je crois qu'il faut une ordonnance.

– *Cut the crap*[9] ! Pierre y arrivait sans ordonnance. Les chauffeurs, vous savez dénicher ce genre de produits. Alors, prouve-moi que tu es aussi bon que lui. Sinon, tu es viré, *small wanker*[10]. Compris ?

– Compris ! OK ! Ça va.

Je le crois sur parole : un gars qui a lourdé comme un malpropre son propre frère n'aura aucun scrupule à virer un pauvre malheureux chauffeur de grande remise comme moi… Je me sens humilié. J'ai le sentiment de devenir à mon tour un larbin. C'est la première fois qu'il me parle ainsi.

– Ça va ? me lance Emily.

– Oui. C'est juste que Harvey me demande de… de lui faire des courses.

– Oui, j'ai entendu.

Sans plus attendre, je retourne à ma Maybach aux vitres super teintées. Marcher d'un bon pas et respirer à pleins poumons me fera le plus grand bien. Il faut que je me ressaisisse. Je suis en train d'oublier que tout ce cirque, c'est mon job, et que rien ne doit m'arrêter. Le Viagra n'est pas une drogue dure ! J'ai réagi bêtement à sa demande. Il faut que je mette la main sur Joss, voilà tout !

Dans le métier, Joss, c'est le SOS driver. Il est capable de vous fournir dans la journée à peu près tout ce qui est licite

9. Arrête tes conneries !

10. Petit branleur.

et illicite. Il est lui-même chauffeur. Moins d'une heure plus tard, je le retrouve. Il vient s'asseoir côté passager et range ma commande dans la boîte à gants. Elle m'a coûté 600 euros, dix fois plus cher que chez le pharmacien.

– Tu fais qui en ce moment ?

– Harvey Weinstein.

Il éclate de rire.

– Toi et moi, on sera forcément amené à se revoir.

– D'où est-ce que tu le connais ?

– Tu ne devines pas le nombre de fois où j'ai dépanné Pierre et Antony. Il carburait à tout, ce Schtroumpf.

– C'est ça... Salut, Joss.

Il n'y aura pas de prochaine fois ! Cette dépense m'a irrité. La saison prochaine, j'irai en demander à mon médecin.

J'ai juste le temps de repasser à la maison pour me changer. Dans une heure, Harvey Weinstein doit être au Palais des festivals.

9

Inglourious Basterds

Le cortège officiel démarrait de l'hôtel Carlton, avec à sa tête Florian, du FIF (Festival international du film), qui gérait les voitures de pas mal de productions américaines. Il était venu me briefer juste avant sur le déroulement de la cérémonie et sur la position de la voiture d'Harvey, qui fermait le convoi.

Faut-il préciser combien j'étais fier d'occuper cette place ? Un tel honneur caressait mon ego et soignait mes blessures d'amour-propre mieux qu'un baume du tigre. Pourquoi voyez-vous les chauffeurs de personnalités publiques sérieux comme des dignitaires d'Église au volant de leur voiture ? Ce n'est pas seulement la consigne. Qu'ils le veulent ou non, qu'ils le sachent ou pas, la puissance de leurs passagers leur est communiquée.

– Il est fatigué le papi, me précise Florian. Il faudrait que tu te rapproches un peu plus avec ta limousine pour le récupérer.

Sans rien rétorquer, je ricane intérieurement en pensant au quarteron de nanas nécessaire à calmer la faim du boss, alors qu'au même moment le Florian dormait depuis longtemps comme un enfant. Entre mon cyclope et l'humanité normale, il n'y a aucun rapport. Comment peut-il l'appeler papi ? C'est une bête sauvage, il suffit de regarder sa stature.

Le cortège est composé d'une dizaine de véhicules. Je roule au pas derrière les voitures MC Limousine. Le premier arrivé sur le tapis rouge est Quentin Tarantino, le réalisateur d'*Inglourious Basterds*. Dans la limousine suivante se trouve l'acteur principal, le magique Brad Pitt accompagné de son épouse Angelina Jolie. Des voitures Renault, des Velsatis, conduisaient Eli Roth avec les autres acteurs. Les actrices du film, Diane Kruger et Mélanie Laurent, sont de la fête. On dirait qu'elles se sont lancé le défi de la tenue la plus fastueuse ce soir-là. Diane Kruger, ex-mannequin, a visiblement tout misé sur un style altier qui a déjà fait tourner la tête au monde. Elle est sublimée dans un fourreau blanc coquille d'œuf, griffé haute couture. Tandis que Mélanie Laurent a opté pour un sobre mais très chic smoking trois-pièces pattes d'éléphant couleur ivoire. Toutes deux portent de somptueuses parures prêtées par de grands joailliers de la Croisette, des boucles d'oreilles, incrustées d'émeraudes pour Mélanie Laurent et de diamants pour Diane Kruger. Quand les voitures officielles vont déposer ces deux créatures au pied des marches, la fièvre va grimper sur la Croisette.

Évidemment, pour la cérémonie, Harvey arrive en dernier, sans lui ce film n'existerait pas. Seuls les professionnels connaissent son nom. Il a choisi d'embarquer dans sa voiture Christoph Waltz, avec qui il semble très intime. Il y a aussi Alexander Fehling, un autre acteur talentueux, et la productrice Emily qui s'est hissée à la place du mort.

Aux abords du Palais, derrière des barrières, la foule des badauds est massée dans l'espoir d'apercevoir ses idoles. Pèlerins des temps modernes attendant le passage des habitants de l'Olympe. Dans notre bulle climatisée, toutes fenêtres fermées, on ne les entend pas, mais à les voir s'agiter on devine leurs cris. Qu'est-ce que ça va être quand les deux héroïnes du film vont sortir de leur limousine !

Ça y est, nous y sommes. Des stewards de cérémonie en smoking et gants blancs viennent ouvrir les portières des passagers. Le vacarme de la rue nous submerge telle une vague. Sur le tapis rouge l'atmosphère est bouillonnante. Le crépitement des flashs redouble quand les photographes, parqués de chaque côté du tapis, voient sortir les deux actrices. Harvey vient se placer entre elles et prend leur bras pour les conduire vers le célèbre escalier. Un chroniqueur du tapis rouge vient l'interroger. Weinstein ne tient pas en place, il n'arrête pas de fixer de son regard humide Mélanie Laurent, qui le boude, pendant que Diane Kruger le toise des pieds à la tête. Leurs relations ne sont pas pacifiées, je sens que mon gros porc a eu des mains baladeuses.

Quant à moi, je suis très content de déposer en bas des marches du temple du septième art un producteur qui a l'air d'être unanimement respecté et devant qui tous se prosternent. Dans son smoking taillé sur mesure, mon Harvey me fait l'effet d'un pingouin égaré. Sa maladresse est sans pareille. Il se prend les pieds dans le tapis, s'accrochant tantôt à Emily, tantôt à Diane Kruger, qui le repousse discrètement. C'est Emily qui le retient par le bras pour finir.

En smoking, Quentin Tarantino jubile en faisant quelques pas de danse avec Mélanie Laurent, imitant le couple John Travolta et Uma Thurman dans la fameuse séquence de danse de *Pulp Fiction*. Suivent le sobre Brad Pitt, très classe dans son smoking, et Angelina Jolie, resplendissante dans une robe rose bambou tout en drapé, avec décolleté et dos nu époustouflant, laissant apparaître son tatouage dorsal, des prières en khmer du bouddhisme tantri, dédiées au salut de ses enfants. C'est une robe de la collection Marchesa créée par Georgina Chapman, l'épouse d'Harvey.

Les portières à peine refermées, je plonge dans le monde du silence. Car déjà il me faut déguerpir pour laisser place aux voitures qui suivent. Encadrée d'un escadron de policiers en tenue officielle, ma voiture emprunte la voie qui mène derrière le Palais pour rejoindre les collègues chauffeurs le temps de la projection. La conversation des drivers consiste en potins sur les stars du showbiz. Je ne verrai malheureusement pas les autres montées des marches, je n'accéderai pas au Palais des festivals, je n'assisterai pas à la séance. J'écoute mes collègues refaire le monde des étoiles, sans rien dévoiler sur mon client. Je pique du nez à cause du manque de sommeil. On me regarde avec une envie teintée de crainte à cause de la surface financière de M. Weinstein (devant moi, l'expression Gros Porc est évitée). Personne ne sait que Harvey ne donne jamais de pourboire, que Plaza International me donne deux salaires minimums pour 20 heures par jour, sept jours sur sept.

La projection terminée, Emily m'envoie un sms pour la rejoindre là où se déroule le cocktail pour *Inglourious Basterds*. Des badauds et des paparazzis sont agglutinés à l'entrée. Ceux-là ne sont pas conviés à la fête. Une fine pluie commence à tomber, une pluie légère mais qui finit par pénétrer les tissus. Je me suis armé d'un parapluie. Je dois retrouver Harvey au milieu des invités qui, indifférents aux gouttes de pluie, se pressent autour du bar, des buffets et des tables. Sa commande est toujours dans ma poche. J'ai jugé préférable de ne pas lui donner son Viagra en présence des acteurs et d'Emily. Plutôt qu'errer dans cette foule dense, je préfère stationner près de la porte, où Emily discute avec deux types en tenue de soirée.

Soudain, Harvey fait irruption à l'entrée de la plage. Je n'en crois pas mes yeux. Des quidams lui demandent des autographes. Ils sont une dizaine, le visage fiévreux, tous des hommes, comme des lycaons affamés autour d'un vieux buffle. J'ignorais qu'il était célèbre à ce point. Je me fraie un passage jusqu'à lui. Il semble content de me voir, mais indifférent à ses admirateurs. La notoriété n'est qu'un moyen pour ce vieux mâle solitaire, en réalité il s'en fout d'être aimé ou admiré par le public. Un journaliste-cameraman nous filme ensemble de trois quarts. Sur l'image que je verrai plus tard sur M6, j'ai l'air épanoui, heureux, à ma place. M. Weinstein en fait des caisses sur moi. Il me présente à des journalistes et au groupe qui nous entoure.

– Vous connaissez Mickaël? C'est mon nouveau chauffeur cannois. Mickaël est le plus vif et le plus adroit des conducteurs, il connaît tous les chemins et je ne rate jamais un rendez-vous durant le festival. C'est une flèche, ce mec. Il me faudrait un chauffeur comme lui dans toutes les villes du monde où je voyage.

Les badauds sont admiratifs, je me sens important. Le journaliste filme toujours. Si ces images passent à la télé, je suis lancé dans la profession, les autres chauffeurs n'ont qu'à bien se tenir. Un jeune homme timide m'accroche la main et me tend un scénario. Le boss en profite pour me dire discrètement :

– Hey, Mickaël! Débarrasse-moi de ces gobe-mouches! *Shit*! Et conduis-moi au Studio Canal, vite. J'ai une interview dans cinq minutes.

– OK, Harvey.

J'écarte les bras pour tenir à distance ces fans trop insistants et l'emmener vers sa voiture. Un cameraman de l'émission *Accès direct* essaie de nous retenir, d'obtenir un scoop d'Harvey.

– S'il vous plaît, messieurs-dames! Laissez-nous passer! M. Weinstein vous remercie, mais il est attendu! Merci... Merci bien...

Très professionnel, Harvey liquide son entretien chez Canal sans effort apparent alors qu'il a dormi trois heures et qu'il a la cinquantaine bien tassée.

Au retour, installé à l'arrière de sa Maybach, il desserre son nœud de cravate griffée Louis Vuitton, avale cul sec un Coca frappé et, satisfait, rote fortement les bulles ! Et alors que je le ramène à la party *Inglourious Basterds*, je lui remets son Viagra et ses préservatifs. Il me remercie d'un grand sourire affectueux.

– Tu vois quand tu veux, Mickaël. T'es arrivé à m'en trouver combien de boîtes ?

Le plus modestement possible, j'énonce.

– Deux boîtes. Ça devrait suffire pour le festival, non ?

– Deux boîtes ! siffle-t-il. Ah, c'est bien ça ! Mais alors, t'es un bon, toi !

Je prie le Bon Dieu qu'il ne me réclame pas d'autres marchandises, dans le genre cocaïne. S'il le fait, je refuse tout net, en déposant les clés de la Maybach chez Jean-Jacques et vite fait. Mais l'an dernier il ne m'a rien réclamé et le dealer ne m'a plus jamais contacté.

Nous voici de retour sur le quai de la plage où se déroule le cocktail. La pluie, toujours la pluie, mais elle ne gêne pas la foule. Le pont principal du Harle Boat est à présent bondé d'un monde très cosmopolite. On y voit beaucoup de filles qui se trémoussent sur une musique techno. L'air est saturé par les décibels. Mais je ne vois pas les chauffeurs de l'équipe du film, ni les acteurs, ni le réalisateur.

Au moment où j'imaginais Harvey aux anges, réjoui à l'avance de la perspective d'une nuit torride, son visage se ferme, puis se transforme en grimace d'horreur.

– Mickaël ! Dis-moi, est-ce qu'Anna t'as briefé sur le dîner organisé pour l'équipe du film ce soir chez Michelangelo à Antibes ? Tout le monde y est déjà… Tu te bouges…

Ce n'était que mon deuxième festival, et l'an dernier M. Weinstein n'avait aucun film en compétition.

– Ah non! Je n'ai pas eu cette information dans le programme de ce soir, personne ne m'a averti de ce dîner!

– Je vais vérifier. En attendant tu peux mettre les gaz, je suis déjà en retard, *bullshit, man*, compris?

– OK, Harvey! Mais je ne t'ai jamais menti, je ne vois pas pourquoi je te mentirais pour une histoire de programme qui ne m'est pas parvenu.

Sur le chemin du restaurant, Harvey me fusille du regard dans le rétroviseur. J'ai les yeux d'un enfant pris en faute, je me sens responsable, j'aurais dû deviner... Il appelle Anna. Elle a complètement oublié de m'informer du dîner, décidé en dernière minute. Avant de lui raccrocher au nez, il l'insulte de tous les noms, puis me fixe des yeux et de son index droit en soutenant qu'il m'a défendu.

– Combien de temps ça prend pour aller chez Michelangelo?

– Environ vingt-cinq à trente minutes, lui répondis-je. C'est juste quinze kilomètres, mais sur une route départementale, avec des dos-d'âne, des feux rouges, des petites agglomérations à traverser, des passages cloutés, et la circulation de la Côte d'Azur durant le festival.

– Arrête de me noyer avec ton baratin. Combien de temps?

– Vingt bonnes minutes, avec beaucoup de chance, hasardai-je.

– OK! Tu le fais en dix minutes et que ça saute, c'est compris?

– Mets ta ceinture de sécurité.

– Non, je ne mets rien du tout, roule et ferme-la, tu entends? Roule plus vite, je m'en fous des feux rouges, tu n'as qu'à les griller.

Sous la pression du cyclope, inconscient des dangers, j'ai mis douze minutes montre en main pour atteindre le restaurant Michelangelo. En grillant plusieurs feux rouges, en franchissant deux lignes continues sous les yeux de motards policiers ébaubis. Je n'ai pas compté le nombre d'insultes et de coups de klaxon qui ont escorté notre course folle. Indifférent à ces détails, Harvey est occupé au téléphone. Nous voilà bloqués à cinquante mètres du restaurant par un barrage policier avec fourgon, genre poste de police ambulant, voitures de la police municipale et motards de la police nationale. Un rempart de barrières de sécurité dressé pour calmer les badauds et curieux massés devant le restaurant, avides d'autographes et de photos.

Avant que mon boss puisse accéder au Michelangelo privatisé par la Weinstein Company, je vois dans le rétroviseur un policier motorisé se garer derrière nous. Il me fait signe de baisser ma vitre.

– Vous ! Je vous ai à l'œil, il va falloir vous calmer et lever le pied ! Si je vous enlève le permis de conduire, ça va vous faire tout drôle, mon petit coco. Parce que je vous le dis, moi, si vous renversez un piéton, c'est vous qui serez dans la merde et pour longtemps. Pas le monsieur derrière vous ! Lui, il rentre aux States tranquillement et il ne pourra rien pour vous, pigé ?

– Désolé, monsieur le brigadier, je lève le pied, promis.

– Bonne soirée, faites bien attention.

Collé à son portable, Harvey jette un œil distrait à notre conciliabule, comme si le policier était venu nous expliquer le dispositif de sécurité. Mais je sais à présent qu'il comprend très bien de quoi il retourne. Le motard parti, il saute prestement de la voiture et me dit.

– Tu peux aller manger un morceau. Reviens dans deux heures.

10

Au pas de course

Ce matin encore, je n'ai dormi que trois heures. Je commence déjà à ressentir les effets de la fatigue. Et je n'en suis qu'à ma troisième journée. La nuit a été débridée, comme d'hab. Avant la soirée, Anna s'est endormie épuisée dans ma voiture, Harvey a perdu ses chaussures sur le yacht de la fête. Au petit matin, dans le silence de la plage, accroupi sur le sol, les pieds meurtris par les gravillons, il s'est mis à hurler comme un orphelin implorant sa mère.

– Mickaël ! Mickaël !

Ce désespoir m'a paralysé, je me suis d'abord cramponné au volant. Puis je suis sorti précipitamment. Des filles l'entouraient, impuissantes, il était trop lourd pour elles. J'ai passé son bras droit autour de mon cou, une fille dégourdie en a fait autant avec son bras gauche. Avec précautions et beaucoup de temps, nous l'avons ramené à la voiture sans qu'il souffre davantage.

Chaque matin, je bataille avec les interlocuteurs qui gèrent le nabab, à partir de New York et de Los Angeles, ou de Londres ; par mail, tweet, texto et téléphone ; pour que tous ensemble, nous puissions être d'accord sur le planning de la journée, mis à jour déjà plusieurs fois. Souvent, j'essaie d'en prendre connaissance avant même de me coucher, tant je crains une boulette à cause du décalage horaire new-yorkais de six heures. Et s'il n'y avait que la partie officielle à gérer… mais il y a tout le reste, la face cachée de l'iceberg Harvey, son côté immergé.

Heureusement, ma première course est à 11 heures. Je dois assurer l'accueil de David Glasser, vice-président de TWC, qui s'occupe des acquisitions pour les États-Unis. Je ne sais même pas à quoi il ressemble. Anna aurait pu m'en parler. C'est à peine si je l'ai aperçue hier soir. Elle se protège : Harvey est de plus en plus vache avec elle, il lui manque ouvertement de respect.

Il est midi. Je suis encore à l'aéroport de Nice. Le client n'a toujours pas atterri, son vol a une heure de retard. Je vais boire un café au kiosque du coin. Il y a un monde fou. Je l'emporte dehors pour fumer ma cigarette. Je retrouve des chauffeurs. On discute, on parle de tout et de rien, pour une fois, c'est sympa. Les collègues ne parlent pas du Gros Porc.

À 13 h 30, l'avion est enfin annoncé. La British Airways est toujours en retard. Installé à la porte d'arrivée, je brandis un panneau au nom de David Glasser. Soudain, un petit bonhomme, dont la tête dépasse à peine du caddy contenant de bagages volumineux, m'adresse un sourire aussi large que la baie de Cannes.

– *Hello Mickaël ! Good to know you !* Enchanté.

– *Hi mister Glasser. Nice to meet you*[11].

Il porte une veste et des bottes. Il ne lui manque plus que le colt au ceinturon pour jouer dans un western. Il s'excuse du retard de son avion, les mesures de sécurité aux aéroports de New York et de Londres en sont la cause. Enfin un producteur civilisé. J'en étais arrivé à penser que cette espèce avait disparu. J'embarque David et ses valises. Comme le boss, il est descendu au Majestic. En route, il consulte ses

11. Bonjour, Mickaël. Enchanté. – Bonjour, monsieur Glasser. Enchanté.

messages. Il appelle sa femme, Michelle, pour la rassurer. Puis je l'entends converser avec Harvey. À propos de films projetés au festival que la compagnie envisagerait d'acheter.

À 15 h 30, David saute de la voiture, son ordinateur sous le bras. Ses bagages sont à monter à la chambre 345. Je les remets à mon tour au chasseur du palace. Une demi-heure plus tard, je vois un groupe marchant comme un commando – Harvey, David, Emily et Anna – sortir du Majestic. Ils s'engouffrent dans ma voiture. Emily prend place à ma droite, Anna se retrouve à l'arrière, entre les deux hommes. Je dois les déposer dans les différentes salles de cinéma de la ville qui participent au festival, le Gaumont, l'Olympia, le Star. Dans le rétroviseur, j'essaie de capter le regard d'Anna. Son visage ne laisse rien paraître de son épuisement. Elle l'aura masqué avec du maquillage. À moins qu'elle ait réussi à réellement se reposer ? D'habitude, elle a un regard complice pour moi, pas aujourd'hui.

Alors que la conversation entre Harvey et David se déroulait normalement, soudain le ton monte.

– *Motherfucker !* jure Harvey. Je te répète qu'il vaut mieux acheter un film qui fera beaucoup d'entrées au box-office de plusieurs pays, plutôt que la Palme qui aura ravi les quatre pékins du jury et sera un bide public !

Ça discute ferme chiffres, à propos de pourcentages, de commissions… David ne paraît nullement impressionné par la charge du cyclope. C'est la première fois que je vois quelqu'un tenir tête à Harvey.

– Une Palme, *fucker* ! réplique David, c'est une garantie de parts de marché. Le public va voir un film rien que pour la Palme.

– Écoute-moi, *son of a bitch*[12] ! Tu viens à peine de débarquer, le festival démarre tout juste, et toi, *wanker*, tu me parles déjà de la Palme ! *Cut the crap !* T'en sais rien quel film aura la Palme ! Pas avant une semaine…

Les filles ne bronchent pas. Assise entre les deux hommes, Anna fait le casque bleu malgré elle, essuie avec un mouchoir les postillons rageurs d'Harvey. Ne pouvant atteindre David, Harvey s'acharne à taper de son poing massif sur l'appuie-tête du siège avant – heureusement, pas le mien, mais celui d'Emily, réfugiée près du pare-brise. Harvey tape si fort qu'il déboîte l'appuie-tête.

– Tu vois ce qu'il t'arrivera, *motherfucker*, si tu joues avec mon argent ! Si tu baises mes plans, je te mets une balle dans les jambes ! *Faggot*[13] ! Et tu finiras dans un fauteuil roulant pour le restant de tes jours !

Je me tourne vers Emily, inquiet. Elle me rassure d'une moue et d'un clignement de paupières. Pour elle, rien que de l'ordinaire. David renchérit.

– Si tu touches à un de mes cheveux, tu seras ruiné, *bastard* ! Je raconterai tout à ta femme. Et son avocat te foutra un procès au cul, qui te ruinera. C'est ça que tu veux ? Enculé !

Un appel sur le smartphone d'Harvey vient mettre un terme à leur affrontement. Quand il raccroche, le nabab a le sourire.

– *Yes !* On a le feu vert du trésorier pour valider les achats de films.

Des cris de joie retentissent. Oubliée la discorde, la bonne humeur est de retour comme par magie.

Les uns après les autres, je les dépose devant leur salle de projection. J'ai trois heures devant moi, je vais en profiter

12. Fils de pute !

13. Pédé !

pour aller dormir. La soirée s'annonce chargée. Harvey enchaîne trois dîners avec une interview au milieu.

Officiellement, il terminera avec la soirée annuelle de bienfaisance organisée sous la tente blanche immense de l'Agora. Le dîner coûte une fortune par tête de pipe. Les fonds récoltés sont destinés aux victimes de la famine à travers le tiers-monde. S'empiffrer pour lutter contre la faim : original ! Une façon pour les festivaliers de s'acheter une conscience ?

Comme convenu, un texto d'Anna me prévient de la sortie imminente d'Harvey d'une projection. J'avance la voiture devant le cinéma Star. Il fait son apparition en fendant la foule qui à ces heures a envahi la ville. Je suis descendu pour lui ouvrir la portière. Je l'entends grommeler des mots inaudibles. Son humeur est grincheuse. Probablement son agoraphobie. En chemin, nous récupérons David devant le cinéma Olympia. Harvey et David remettent leur dispute en selle. Quant à Anna et Emily, elles se sont éclipsées. Ces deux-là commencent à me saouler, avec leur bagarre de vieux couple. Si je pouvais, je leur dirais bien de la fermer, mais c'est moi qui dois la fermer, supporter leurs vociférations. Je dois rester « invisible », comme dirait M. Carlos De Manssardi. Personnellement, c'est ce qui m'insupporte le plus. Voir deux pointures du cinéma américain se chamailler comme des piliers de bar me désole. Ils ont bien mieux à faire.

19 h 45. Harvey file se changer dans sa suite du Majestic. Quelques minutes plus tard, il ressort, portant smoking et nœud papillon. Il gonfle les pectoraux. Anna et Christina sont déjà dans la voiture. Je dois les conduire au Cap où ils vont dîner avec un agent, un acteur en pleine ascension, Colin Firth et le réalisateur du film *Le Discours d'un roi*, un certain Tom Hooper, qui a le vent en poupe. Tandis que

nous roulons, Harvey n'arrête pas de demander l'heure, signe évident de son exaspération. Un appel téléphonique le distrait de sa nervosité.

– Allô, Ben !

– Ça va très très bien, j'espère que tu es content de ta promotion et de tes dividendes de cette année, tu as remarqué que j'ai fait des efforts pour doubler ta mise…

Inattention ou indifférence, le haut-parleur de son BlackBerry est ouvert.

– Oui, j'ai vu ça ! On se voit tout à l'heure à la soirée Agora ?

– Oui, oui, bien sûr, Harvey. C'est pour ça que j'appelle. Je viens avec deux blocs. Deux top models qui rêvent de faire du cinoche. J'ai promis que j'allais te présenter. Que tu t'occuperais d'elles pour leur trouver un rôle dans ton nouveau film avec Tarantino, tu sais, *Django Unchained*… Elles sont comme des folles depuis, elles mouillent dans leurs culottes… Ah ah ah ah !

– Bien joué. Ouais, amène-les-moi, ces *bitches*[14] ! Que je voie un peu ce qu'elles savent faire !

– Ouais, à tout à l'heure. Je t'embrasse ma poule. Pense à apporter un peu de substances.

– OK, je vais voir ça, t'inquiète…

À peine a-t-il raccroché que Harvey se met à me crier.

– Mickaël ! Pourquoi tu roules doucement ? On dirait que tu suis un cortège funéraire… On est en retard, *holy shit* ! Alors, accélère, *jerk* ! Tu entends ? Je n'en ai rien à foutre de tes feux rouges ! Tu les brûles, tu as l'habitude maintenant, n'est-ce pas, *fucker* ! C'est moi qui gère ta conduite, si tu n'as plus de permis, je t'en trouverai un autre, un permis ça s'achète.

14. Salopes.

À la première occasion, je prends la poudre d'escampette par le bord de mer et, de là, rejoins la départementale 43. Le compteur grimpe rapidement à plus de 100 km/h ; j'accélère sans me poser de questions, je prends tous les risques. Dans le rétroviseur intérieur, j'ai l'image d'Harvey qui sue abondamment, accroché à la poignée latérale. Anna et Christina sont livides. Mais personne ne bronche. J'éprouve un sentiment de puissance immense, je suis Robert De Niro dans *Taxi Driver*. C'est moi qui mène la danse. Qui va me supplier de lever le pied ?

Soudain, une odeur suspecte me taquine les narines. Pas de doute, quelqu'un s'est lâché. Je ne peux pas croire que ce soient les filles. Je suis sûr que c'est lui. On ne prête qu'aux riches. Le Gros Porc pète de trouille. Ces flatulences me ramènent sur terre. Je décélère progressivement. De toute façon, l'Eden-Roc est devant nous. Descendu de voiture, réajustant son jean taille basse, Harvey m'adresse un sourire torve.

– Merci, mon gars, pour ta conduite sportive. Je me serais cru dans *Bullitt*. Si un jour j'ai un rôle de driver, je pense à toi.

Je n'en crois pas un mot, mais je ne suis pas mécontent de l'avoir épaté.

– Ouais, ouais, poursuit-il. Avec ta gueule de basané et tes cheveux gominés, on peut même te donner un rôle de mafioso, genre *Le Clan des Siciliens*. J'y penserai.

Une fois qu'il s'est éloigné, j'ouvre toutes les portières pour aérer le véhicule. Christina et Anna sont encore à l'intérieur. La première me jette un regard noir. Brusquement, Anna se précipite au-dehors et gerbe comme un volcan sur le trottoir. Christina sort à son tour et va près d'elle. Avec une bouteille d'eau du minibar, je les rejoins. Anna est blanche comme un linge. Christina, elle, ne décolère pas.

– Enfoiré ! T'es content de toi ?

– Je suis désolé. Je ne sais pas ce qui m'a pris. Mais c'est à cause de vous et de lui aussi ! Avec sa phobie des embouteillages et des feux rouges ! Vous n'arrêtez pas de me mettre la pression ! « Harvey ne supporte pas les embouteillages ! Harvey ne supporte pas les feux rouges ! » Faudrait savoir ce que vous voulez, tous ! Hé ! Je ne conduis pas un hélicoptère !

Christina ne cherche pas à discuter, elle enlace Anna pour rejoindre leur boss.

Je retourne à la voiture, vaporise abondamment l'habitacle avec une bombe désodorisante. Je suis l'un des rares privilégiés à pouvoir laisser ma voiture à l'entrée des bâtiments du plus beau palace de la Côte. Ce qui rend cet établissement unique, ce n'est pas son luxe néoclassique ni ses trois hôtels en un, c'est son parc de neuf hectares et sa plage privée. Ce lieu est un des plus beaux endroits du Cap d'Antibes, comme un bout de côte privatisé, avec une pinède magnifique. Sur ce littoral trop urbanisé, où les agglomérations se succèdent sans discontinuer, c'est presque le seul coin de nature préservé. Un îlot de verdure et de calme destiné exclusivement à ses habitants. Comment voulez-vous que les grands noms du cinéma américain et les nantis n'en fassent pas leur lieu de prédilection ?

Deuxième partie

11

Le cadeau d'anniversaire

C'est pendant le festival 2009 que nos liens se raffermirent et que j'entrai un peu plus dans ce qu'on pourrait appeler l'intimité d'Harvey Weinstein.

– Dis donc, ton cyclope, c'est pas un cadeau !

Ce matin du quatrième jour du festival, je retrouvai Myriam devant la limousine, l'aspirateur à la main. Avant mon réveil, elle était descendue nettoyer la voiture pour que je puisse me reposer davantage.

– Ne m'en parle pas. Cette nuit, il a été infernal.

– Je te raconte pas ce que j'ai trouvé là-dedans !

– Je sais, je sais…

– Ma parole, il prend la voiture pour sa garçonnière ! Tu diras à ce monsieur que ses crottes de nez et ses restes de chewing-gum, il peut se les garder, au lieu de les fourrer sous l'accoudoir. Sans compter les traces de poudre blanche… Je suis sûre que quelqu'un s'est poudré le nez là-dedans, tu devrais faire attention, Mickaël !

Mon épouse est psychothérapeute, elle sait ce qu'est l'addiction, il y a des choses qu'on ne lui apprend pas.

– Je suis désolé, mon cœur.

– Tu n'y es pour rien. Tu serais plutôt à plaindre. Devoir supporter cet énergumène toute la journée…

– Alors, souhaite-moi bon courage.

– Ah non. Tu sais qu'aux artistes on dit merde.

Elle est adorable en ce moment.

– Je vais en avoir besoin, dis-je en l'embrassant.

En me retrouvant devant le Palais des festivals, mon client me dit :

– Conduis-moi chez un joaillier sur la Croisette.

– Vous avez une préférence ?

– Ça m'est égal. Du moment que c'est pas du toc. C'est pour ma femme.

– D'accord. Van Cleef and Arpels, ça vous va ? C'est à deux pas d'ici.

– Ouais, ouais… Hum, hum…

Et merde… Il pouvait pas me le dire quelques heures avant ? J'aurais pu prévenir Yoan, le directeur, de notre venue, et capter un bonus au passage. Décidément, je gagnais des cacahuètes avec Weinstein, c'était rageant.

Le mari partouzard qui va acheter un bijou à sa femme, que c'était convenu ! Quelle escroquerie ! J'avais honte pour lui de cette bassesse.

Cela devait faire trente minutes qu'Harvey était enfoncé dans un fauteuil, l'air las, à fixer sans les voir des bijoux étalés sur une table basse. C'était leur anniversaire de mariage, il bloquait sur le choix d'une parure présentée par une vendeuse au sourire inoxydable. Anna l'accompagnait, mais elle ne mettait aucune énergie pour l'aider. Je me tenais en retrait, légèrement de biais, afin de jauger les bijoux. Weinstein agita son index comme un crochet.

– Mickaël ! Viens voir ici… Dis-moi, qu'est-ce que tu choisirais, toi ? Le bracelet ou les boucles d'oreilles ?

– C'est que… Je ne connais pas assez votre femme, moi. J'ignore ses goûts.

– Mais on s'en fout. C'est pas ça que je te demande. Si c'était pour ta femme, tu as bien une femme, non ?

– Oui.

– Bon alors, qu'est-ce que tu lui prendrais ?

– Ah, pour mon épouse, les boucles d'oreilles, sans hésiter.

Une fraction de seconde, je me vis à la place d'Harvey, accrochant les boucles scintillantes aux oreilles de ma Myriam… sa joie, ma fierté…

– Eh ben voilà, c'est fait. Allez, vous êtes gentil, vous me les emballez dans un joli paquet.

Il se souleva difficilement de son fauteuil et me dit avant de gagner la sortie.

– Mickaël, tu t'occupes du paiement.

– OK.

Après avoir fait le paquet-cadeau, l'employée m'invita à passer en caisse.

– Monsieur Mickaël, comment réglez-vous ?

– En liquide, mais ça fait combien ?

– 8 595 euros.

– Ah, bon, alors dans ce cas, je vous demande quelques minutes. Parce que là, ça dépasse mes capacités.

Je sortis de la boutique, il était à trente mètres, sur le trottoir, son BlackBerry à l'oreille. Je me campai face à lui. Au bout de quelques instants, il interrompit sa conversation.

– Attends, ne quitte pas… Qu'est-ce qu'il y a, Mickaël ? Tu vois pas que je suis au téléphone ?

– Harvey, il faut que vous veniez régler. Je n'ai pas assez de liquide. L'agence ne me donne pas une telle somme.

– Ah bon ? Et combien ça coûte, cette connerie ?

– 8 595 euros.

– Bon, OK. Dis-leur que j'arrive… Jim, je dois raccrocher, je te rappelle.

Il n'avait pas protesté, ni même bougonné. Sur le moment, la manœuvre m'échappa. Comme d'autres gestes, sa signification ne m'est apparue qu'avec le temps. Weinstein était un corsaire. S'il avait pu, ce cadeau passait sur le compte de la société… abus de bien sociaux en droit français. Sauf qu'il ne faisait plus ses achats depuis si longtemps qu'il n'avait même pas pensé que le prix du bijou dépasserait la somme quotidienne mise à sa disposition par la compagnie. J'aurais parié que le coût d'un journal, d'un paquet de cigarettes ou d'un café devait lui échapper depuis longtemps. En sortant de la boutique, il me confia le précieux paquet. J'ouvris le coffre.

– Qu'est-ce que tu fais ?

– Eh bien, je range votre cadeau.

– Non ! Fais attention, on va nous le voler. Il faut que tu le planques.

– Ah bon ? Vous croyez ?

– Oui, oui.

– Mais je le planque où ?

Il réfléchit.

– Hum, hum, hum…

Soudain, traversé par un éclair :

– Sous la roue de secours !

– Vous êtes sûr ?

– Oui.

– Drôle d'endroit pour un cadeau d'anniversaire de mariage, mais bon.

Je soulevai la deuxième trappe et casai tant bien que mal le paquet dans le creux de la roue, où il allait passer une bonne partie de la journée.

Quand je déposai Harvey à l'Eden-Roc, il me demanda le paquet. Évidemment, l'emballage avait souffert.

– Désolé. Il est tout chiffonné.

– Pas grave.

Il tira sur le papier pour défroisser le paquet et lui redonner un semblant de tenue. Je le vis entrer dans le hall de l'hôtel, heureux comme un gosse, tenant entre deux doigts la ficelle de son cadeau.

12

Mme Weinstein

Ce matin-là, j'étais en compagnie de Jules un chauffeur de grande remise, chargé d'un van bagages. Nous étions au terminal 2 à l'aéroport des affaires privées de Nice pour accueillir Georgina Chapman, l'épouse d'Harvey Weinstein, et son assistante. Georgina devait prendre place dans la Maybach de son mari pendant que Jules transportait son assistante chargée de superviser la manipulation des nombreuses valises et housses de robes de cocktail avec lesquelles elles avaient voyagé.

Ancienne actrice, modèle, ambassadrice de l'élégance féminine chez L'Oréal et styliste, miss Georgina Chapman allait profiter du Festival de Cannes pour présenter sa collection de robes de cocktail et de tenues extravagantes, qu'elle développait depuis quelques années sous la griffe Marchesa. Anna m'avait confié qu'elle habillait non seulement des stars du Tout-Hollywood grâce à son mari, mais surtout l'ancienne première dame des États-Unis, Mme Hillary Clinton, sénatrice de l'État de New York à l'époque.

Je savais qu'à son agenda étaient prévus défilés de mode et shootings organisés à la villa Dorane, destinés à paraître dans des magazines internationaux comme *Above Magazine*, ce dernier appartenant à un ami intime d'Harvey.

La villa Dorane se trouve dans un endroit féerique, une somptueuse bastide provençale construite autour d'une piscine, en plein milieu d'un immense parc de pins d'Alep. La propriété jouxte la demeure fabuleuse d'un richissime Russe, patron d'un club de foot anglais. Dans la continuité se trouvent l'hôtel du Cap-Eden-Roc, la villa BMW ainsi que quelques rares et belles baraques. Et, de l'autre côté, la prestigieuse villa connue pour ses innombrables soirées événementielles, Eleinroc, propriété de la mairie d'Antibes. Le Cap d'Antibes, je l'ai évoqué, forme une très belle péninsule, où le prix du mètre carré est le plus cher de la Côte d'Azur avec celui de la presqu'île du Cap Ferrat.

Comme l'année précédente, je fus tout de suite sous le charme de Mme Weinstein. Dans la voiture, sa voix mélodieuse, son sourire rayonnant, la grâce naturelle qui accompagnait ses gestes, son regard empreint d'une mélancolie qui augmentait d'année en année, me séduisaient totalement. Les retrouvailles s'étaient déroulées avec simplicité et légèreté, presque comme deux amis qui se seraient quittés la veille. J'en étais encore étonné. Comment une telle femme pouvait-elle vivre avec un type comme Harvey ? Comment une beauté pareille pouvait-elle accompagner ce rustre ? Mes collègues chauffeurs se perdaient en conjectures. Serait-ce l'attrait du pouvoir ? De l'argent ? L'aimait-elle vraiment ? C'était la belle et la bête, selon eux ! Oui, mais voilà, mes confrères, ils me pardonneront ma sévérité, se laissaient entraîner par l'envie. L'envie bloquait leur réflexion. Ils n'arrivaient pas à comprendre que Harvey Weinstein était un bourreau de travail et d'une intelligence redoutable. Là où ils ne voyaient que le Gros Porc, moi je distinguais l'homme qui ne cessait de travailler, était toujours au téléphone, dévorait les scénarios dans les embouteillages, s'enquillait des dizaines de rendez-vous professionnels par jour. Malgré des manières insupportables, son énergie sécrétait la baraka et donnait envie aux autres de foncer, de réaliser des rêves impossibles.

Était-elle au courant du comportement sexuel de son mari en son absence ? La menace de David de tout dévoiler laissait à penser qu'elle ignorait tout de ses frasques, comme c'est souvent le cas dans ce type de couple. Si elle venait à l'apprendre, nul doute qu'elle le quitterait avec perte et fracas. J'espérais que sa venue à Cannes allait calmer les ardeurs débridées de son débauché de mari.

Nous avons déposé Georgina et son assistante à l'hôtel du Cap-Eden-Roc, où le couple Weinstein avait réservé une suite royale surplombant la mer, avec une vue panoramique sur la baie d'Antibes.

Mi-août 2009.

Un appel téléphonique d'Alison, l'assistante, m'annonce l'arrivée vers 14 heures en hélico d'Harvey Weinstein et de Georgina Chapman, en provenance de Londres, à l'héliport de Port-Grimaud. Je dois les conduire à la villa dans les hauts parcs de Saint-Tropez, chez son grand ami Nicolas.

Voulant bien faire, je suis à l'avance à l'héliport. Tout ce beau monde débarque et se dirige vers moi avec le sourire. Devant son épouse, Harvey me gratifie d'un : « *Hi Mickaël, how are you ? Good to see you* » en me tapant dans la main. Il est visiblement heureux et se comporte avec moi comme avec un ami.

Nous roulons vers notre destination, lorsque Alison a cette phrase malheureuse.

– Nous avons une super soirée. *That's great*[15] !

Harvey lui lance un coup d'œil assassin. Georgina s'alarme.

15. C'est super.

– J'ai besoin de faire repasser une robe de soirée et il faut absolument que je passe chez le coiffeur. Tu en connais un bon, Mickaël ?

Harvey, qui était de si bonne humeur, tape de toutes ses forces sur le tableau de bord et lance en direction de sa femme.

– Quelle soirée ? On n'est pas là pour s'amuser !

Puis il m'ordonne de stopper la voiture sur le bas-côté. Il descend et se met à massacrer le capot avec ses grosses mains, puis c'est le rétroviseur, il s'attaque au pneu en donnant des coups de pied de tout son poids, enfin il se met à hurler :

– Je suis là pour mon business ! C'est super important ! Je ne viens pas me pavaner dans une soirée caritative ! *Holy shit !*

À l'arrière, silence complet, Alison est blême, Georgina se met à pleurer, mais insiste.

– Je suis ta femme, ma place avec toi dans une soirée de Nicolas est légitime !

Nicolas est un père de famille, très chic et grand charmeur ; son magazine et son agence regorgent de top models. Le couple passe souvent ses vacances d'été dans sa villa, un endroit huppé.

Harvey ne se contrôle plus. Il dit en tapant du poing :

– Bon ! Puisque personne ne comprend, je propose deux options : la première, je vais tout seul faire mon business et vous vous démerdez ! La deuxième, je reprends l'hélico et je retourne à Londres. Je suis assez stressé comme ça avec tous les cons qui m'attendent, c'est bien clair ou non ?

Sa femme finit par s'incliner. Il a eu gain de cause.

Le soir venu, je le dépose avec son ami Nicolas sur le vieux port, au pied d'un yacht blindé de gonzesses en train de se déhancher sur le pont, la musique à fond, une coupe de champagne à la main. Harvey a un sourire en coin satisfait, il m'a épuisé.

13

L'année du changement

En 2009, Harvey Weinstein avait été, comme d'innombrables gens fortunés, victime de l'escroc du siècle, Bernard Madoff, lequel avait particulièrement sévi dans le monde du cinéma. Harvey y avait laissé pas mal de plumes, ce qui l'avait contraint momentanément à réduire son train de vie.

L'année suivante, sur une suggestion d'Harvey, je montai ma propre entreprise. Avec un client du calibre de la Weinstein Company, je pouvais envisager de voler de mes propres ailes. Car, contre toute attente, Plaza International n'avait récompensé mon effort que par des bons mots… des mots… rien que des mots, chantait Dalida. Ni mon salaire ni mon statut n'avaient bougé. Cette ingratitude m'incita à mettre les voiles. D'autant que Harvey m'avait promis de maintenir le tarif payé à Plaza International, 250 euros de l'heure. Grâce à ce client important, selon mes calculs, le Festival de Cannes m'apporterait les trois quarts du chiffre d'affaires nécessaire à la rentabilité d'une telle entreprise. Ça peut paraître enviable comme revenu, mais n'oubliez pas la Mercedes-Benz, la Maybach de l'année, dont il fallait payer les mensualités, les assurances, coûteuses pour une voiture de grande remise, les frais de comptabilité, etc.

Quand s'annonce le 63e Festival de Cannes, je suis aux anges. Le roi du monde, c'est moi. Combien de chauffeurs caressent l'idée de se mettre à leur compte, sans jamais pouvoir sauter le pas ! En outre, vous vous en doutez, le mâle alpha supporte mal le commandement, les ordres, les critiques, les mensonges. Les escrocs comme Jean-Jacques, j'en avais bouffé. Je voulais de la transparence et de la justice ! J'avais fait des efforts surhumains pour gagner la confiance de Weinstein et pour la garder. Chaque fois que j'allais chercher chez elle une call-girl, je prenais le risque d'être arrêté pour proxénétisme ; et je passe sur les excès de vitesse, le danger de faucher un passant, etc. En échange de ce travail forcené et des risques encourus, pas un pourboire généreux, rien que des satisfactions symboliques. Désormais, tout changeait. Le symbolique allait enfin se transformer en monétaire. En avril 2010, l'impatience de retrouver le Festival de Cannes me rendait insupportable à la maison. Myriam n'en pouvait plus. Je piaffais comme un jeune étalon. Reprendre ma collaboration avec Weinstein lors du 63e Festival de Cannes s'est fait tout seul, sans effort.

Dans la soirée du lundi 10 mai 2010, je reçois un e-mail d'Alison, la première assistante bilingue d'Harvey Weinstein, qui deviendra très vite vice-présidente du département production et responsable des acquisitions à la direction de TWC. J'apprends qu'elle réside à New York et suivra Harvey dans tous ses déplacements en Europe. Elle m'explique que cette année Harvey viendra avec de nouvelles collaboratrices qui ne connaissent pas la Côte d'Azur : à moi de leur faciliter la tâche et de les initier aux particularités de la région.

Ce *turnover* général dans la compagnie d'Harvey ne m'inquiète pas. Selon moi, les États-Unis sont connus comme un pays qui va de l'avant, où tout bouge tout le temps, où on a intérêt à changer d'entreprise pour progresser dans sa branche. Seule la disparition d'Anna, qui avait de l'ancienneté et une relation forte avec Harvey, m'avait surpris.

Harvey et Alison débarquent à l'aéroport de Nice le 11 mai, un jour avant l'ouverture du festival. Ils arrivent de Londres et, pour la première fois depuis qu'il m'emploie, c'est un vol domestique de la British Airways, en première classe. Cette année, pas de jet privé. Encore l'effet du tsunami Madoff !

Je les attends au terminal 1 des arrivées internationales. Alison sort la première, une hôtesse d'accueil pour VIP et un porteur la suivent de près. Le temps d'installer leurs bagages dans le coffre de la voiture, Harvey sort à son tour de l'aéroport.

Un cameraman anglais le filme en train de bavarder avec l'acteur britannique Jude Law. Les paparazzis et badauds se jettent sur eux en faisant crépiter leurs flashs, ils sont shootés en rafale. Bientôt, une foule dense les entoure, je m'avance vers lui pour le débarrasser de sa mallette habituelle. Harvey bougonne comme à son habitude, la densité humaine l'irrite, il me salue à peine.

– *Hi Mickaël !* Où est la voiture et où est passée Alison ?

– Elle t'attend dans la voiture. Je suis garé juste là devant, tu vois…

Habillé comme un touriste, jean, tee-shirt, casquette et lunettes de soleil, il semble en forme, il n'a pas pris de poids. Finalement, l'anneau gastrique remplit sa fonction, même s'il respecte très peu les consignes de son régime. Sur la route, il a dévoré quatre sachets de M&M's aux cacahuètes, tout en discutant au téléphone.

À peine arrivé au Majestic, il est majestueusement accueilli par l'ensemble du personnel du palace. Il y a aussi April et Amber, les nouvelles assistantes qui abandonnent leur petit déjeuner et accourent, ainsi que deux jeunes femmes que j'avais la veille accompagnées à leurs hôtels respectifs.

Mais Harvey n'a cure de cet hommage. Il fait publiquement un scandale à Alison, à côté de la plaque pour je ne sais quelle raison. Elle rougit comme une écrevisse, évite mon regard. Avec l'aide d'un chasseur muni de son chariot, elle récupère l'ensemble des bagages d'Harvey pour les faire monter dans sa suite royale, puis me demande très gentiment d'apporter le sien à l'hôtel Florian, où elle est descendue.

Les quatre premiers jours, j'ai horriblement souffert du manque de coordination avec les nouvelles assistantes. Rien ne fonctionnait, les rendez-vous étaient mal préparés ou manqués, les projections des films-pépites échappaient à leur vigilance, c'était le bordel. Harvey était dans un tel état qu'il devenait infect, même avec moi. J'avais droit à un coup de gueule chaque fois qu'un petit rien venait le contrarier. Galopant dans un délire de persécution, il soupçonnait tout le monde de vouloir sa mort professionnelle.

Son emploi du temps était tellement chargé qu'il fallait un doigté terrible pour concilier les interviews avec les télés et autres médias, les brunchs avec des professionnels, les déjeuners d'affaires au restaurant de l'Eden-Roc qui avaient lieu pratiquement tous les midis, les projections de films en compagnie de David, des trois assistantes et d'Emily. Et j'oublie les soirées spéciales et les réceptions tous les soirs, destinées à entretenir le carnet d'adresses et à maintenir vivants des projets au long cours.

Comme toujours, cette désorganisation me coûtait un surcroît de travail, d'autant que j'étais chargé de transporter les invités de dernière minute, comme Tim Burton, le président du festival cette année-là, que je devais ramener au Martinez puis au Palais des festivals chaque fois qu'Harvey le rencontrait, et il le vit souvent cette année-là.

Cette année 2010 fut épuisante, tant l'imprévu et le chaos ajoutent à la charge de travail. Transporter l'équipe des assistantes de casting de Quentin Tarantino à l'hôtel du Cap-Eden-

Roc, les attendre et les ramener au Martinez puis au Majestic. Aller à Grasse dans une maison suspecte chercher une belle créature slave de vingt ans à peine, bien pimpante, la déposer au Majestic en prévenant les assistantes que l'invitée est bien arrivée. Attendre deux ou trois heures, puis ramener la fille au point de départ, complètement retournée, pauvre gamine qui ne parlait pas un mot de français ni d'anglais d'ailleurs, aucune communication ne fut possible mis à part un sourire forcé de sa part. Je n'arrivais pas à comprendre ce qui n'allait pas, mais mon pilotage automatique m'empêchait de creuser.

Les soirées et les nuits « pour le moral » se poursuivaient, organisées par Emily ou Alison. Elles réservaient les tables, avec une carte membre au nom d'Harvey, ce qui lui permettait d'arriver discrètement par une porte de service, d'éviter les photographes et les journalistes trop curieux. Ses invitées appartenaient toutes à la gent féminine, c'étaient des call-girls, des mannequins, des aspirantes comédiennes ou des jeunes actrices inconnues du grand public, choisies avec soin par le monstre.

Harvey les repérait au Bâoli, au 3/14, au Bal Room, chez Albane, la reine de la nuit cannoise, installée au *roof top* de l'hôtel Marriott sur la Croisette, l'ex-palais Stéphanie ou Noga Hilton. On allait aussi assez souvent à la villa Saint-Georges, une demeure cannoise à quelques minutes seulement de la Croisette, dans le quartier résidentiel appelé la Californie.

Cette villa était, depuis quelques années, le rendez-vous des stars, des réalisateurs, scénaristes, producteurs. Les jeunes prétendantes à la renommée savaient qu'il fallait y être vues. Quand il en avait les moyens, Harvey organisait de sublimes soirées dans cette villa. Mais la villa Horizon, la villa *play-boy*, faisait aussi partie des lieux qu'il appréciait. La légende, ou la vérité, du festival voulait qu'il s'y déroulât des orgies mondaines jusqu'à plus soif, avec la crème du cinéma. Comme j'attendais dans la voiture, je me garderai bien de prendre position.

Un service d'ordre de la police municipale et nationale était souvent mis en place pour protéger ces endroits. Ils étaient non seulement surchargés de limousines qui encombraient la circulation, mais les soirées attiraient des dealers venus des quatre coins de France, la populace des festivaliers, des badauds voulant s'incruster.

14

Les moyens et les fins

Un des aspects du génie d'Harvey tenait dans sa capacité à transformer les obstacles en tremplins, les contraintes en leviers. Un anneau gastrique l'empêche de dévorer comme au temps des rois ? Qu'à cela ne tienne, ça lui donne bonne conscience et constitue une excuse auprès de ses proches pour les multiples repas auxquels il assiste dans un but professionnel. Tous les jours, Harvey se tape plusieurs brunchs, déjeuners ou dîners, afin de rencontrer un tel et un tel. À part moi, personne ne peut compter les repas qu'il fait. Georgina m'avait demandé de les noter, mais j'ai vite renoncé. C'était tellement délirant pour sa santé que je craignais qu'elle ne fonde en larmes.

L'arrivée de son épouse au festival bloque le bison en rut ? Le rusé nabab va se servir de sa compagne pour sélectionner ses prochaines proies. Suivez le guide.

Cinquième jour du festival 2010. Je le conduis pour son deuxième déjeuner, cette fois avec Georgina, à la villa Dorane où elle a l'habitude de prendre un petit break, entre deux shootings pour L'Oréal ou pour sa propre marque.

Aujourd'hui, elle pose avec d'autres mannequins pour un magazine de mode dont le patron est un ami intime d'Harvey. Ce dernier aime faire le déplacement, voir sa femme travailler au milieu de toutes ces créatures de rêve. Comme il aime le répéter, il a l'œil du lynx pour dénicher un talent féminin, ce qui est littéralement vrai. Le plus souvent possible, il participe au casting des films dont il a en charge la production. Mais la sincérité m'oblige à dire que c'est aussi son arme fatale pour lever des pin-up, et d'une façon tellement naturelle que même Georgina devient inconsciemment sa rabatteuse. Elle ira jusqu'à baratiner elle-même des filles, par fierté pour son mari producteur et pour lui permettre de faire de grands films.

Quand l'obstacle se révèle inamovible, Harvey pense qu'il faut le supprimer. Pas le contourner, non, plutôt l'écrabouiller. Un exemple.

Ce matin est digne d'un jour d'été : pas un brin de vent, le soleil est au rendez-vous et le thermomètre affiche vingt-huit degrés. En ce sixième jour du festival 2010, un nouvel assistant new-yorkais fait son apparition. Il s'appelle Josh, il a vingt-deux ans. April, qui n'a pas le pied marin, vient me le présenter à l'hôtel du Cap. Il doit accompagner Harvey sur les yachts lors de ses rendez-vous avec des magnats susceptibles d'investir dans ses films. Josh n'a jamais mis les pieds à Cannes et ne connaît pas du tout la région.

Comme la circulation est très dense, Harvey renonce à la voiture et décide de se rendre à Cannes en bateau pour passer la journée au Palais des festivals. Un Riva jet l'emporte avec Josh et Livia, une top model latino prête à s'aventurer dans le miroir aux alouettes du cinéma. Toute pimpante, elle souhaite passer un casting au pied levé. Devant sa femme, Harvey a joué au mec pas convaincu, pas très emballé.

Josh le novice ignore que la navigation de nuit est interdite à partir de 20 heures sur la Côte d'Azur. Il pense donc utile de me laisser en stationnement à l'Eden-Roc, persuadé qu'il rentrera en bateau du Palais des festivals pour la soirée amfAR, un gala de charité dont Harvey est le vice-président.

Josh ne capte pas l'erreur qu'il vient de commettre en me cantonnant en stand-by à l'hôtel du Cap. J'ai eu beau lui expliquer les choses, rien n'y a fait ; il s'entête à croire que Bruno, le skipper du jet, parviendra à les raccompagner au Cap d'Antibes à n'importe quelle heure. Sans doute Bruno a-t-il fait une promesse inconsidérée, le gros client tournant parfois la tête au plus professionnel. Connaissant mon cyclope et ses retards, je me doutais qu'il y aurait un problème. Que faire ? Le client est roi, comme on dit ; je m'aligne donc sur les instructions de Josh en restant au Cap. Je lis un scénario dont, une fois n'est pas coutume, Weinstein m'a fait l'éloge.

Au coucher du soleil, le temps se gâte, le ciel bleu devient sombre et pluvieux ; un orage monstrueux s'abat sur le littoral, tel un cataclysme ravageant une île, comme c'est souvent le cas pendant le Festival de Cannes. Affolée par la tempête, April m'appelle du palais.

– Mickaël ! C'est le bordel ici, t'es où ? Qu'est-ce que tu fous ? Pourquoi t'es pas là ? Prends des parapluies, s'il te plaît, Harvey te cherche partout ! Magne-toi, ce con de Josh a fait une boulette. Il faut vite venir chercher Harvey au Palais des festivals, c'est grave. Il est furax, il veut que tu apportes son smoking pour qu'il se change avant de repartir au dîner de l'amfAR ; celui d'hier est sale et le teinturier ne peut pas le faire dans les temps.

Josh m'appelle à son tour, paniqué, en larmes. Ils sont sur le bateau de Bruno, prêt à transgresser la loi pour plaire à Harvey Weinstein. Sauf que l'orage rend la traversée impossible.

– Viens vite au palais, Mickaël, Harvey est dans une colère noire ! Il me gueule dessus !

Le jeune assistant vient de se rendre compte de sa bévue, un peu trop tard. Harvey ne laisse jamais à personne le temps de s'excuser. Je l'entends hurler, il a vraiment l'air de tenir la forme !

– *You're an idiot*, je t'avais bien dit de le faire venir au Palais des festivals.

J'entends un plongeon à l'eau et comme des clapotements.

– *Fuck you, bastard*[16] !

GLOU, GLOU, GLOU ! J'ai l'impression qu'Harvey a jeté Josh par-dessus bord, avec son téléphone.

J'appelle immédiatement April et Amber, récupère le smoking, sa chemise, ses chaussures et son nœud pap. À bord de ma Mercedes classe S, je trace la route comme un barjot qui s'est sauvé d'un hôpital psychiatrique. C'est le déluge, la pluie tambourine sur le pare-brise comme des danseurs dans une rave, elle fouette les essuie-glaces lancés à grande vitesse. J'essaie de rappeler Josh pour avoir de ses nouvelles, il ne répond pas. J'essaie Bruno, le skipper aux idées lumineuses, pour appréhender l'ampleur des dégâts. Il est choqué. Il m'explique que Josh s'est fait éjecter par-dessus bord par Harvey complètement hors de lui, saisi d'une colère apocalyptique. Josh risquait de se noyer, il l'avait sauvé *in extremis* à l'aide de perches. Je me doutais du plongeon, c'est l'état de Josh qui me préoccupe. Bruno venait de déposer Harvey au Majestic, les secours arrivaient. Le jeune homme était en état de choc.

Ma voiture fonce vers le Majestic avec le smoking. Pendant ce temps, Harvey ne décolère pas ; il en veut à April de lui avoir mis Josh dans les pattes. Il lui fait porter le chapeau, la traite de tous les noms avant de l'exclure de son équipe et de la renvoyer à New York. Elle sort de l'hôtel en larmes, pieds nus sous la pluie battante. Elle est complètement paumée, marche sur la Croisette, tête baissée, sans se soucier du monde extérieur. Seul son départ l'obsède… Arrivant en voiture, je m'arrête pour lui porter secours, elle m'explique

16. Va te faire foutre, connard.

en deux mots que tout est fini. Il ne reste plus qu'Amber comme assistante.

Tandis que je surgis dans le hall du Majestic, Georgina arrive en panique totale, les mains soutenant son ventre qui semble la faire souffrir. Elle est enceinte et cette histoire ne lui fait pas du bien. Un chasseur m'aide à la conduire dans la suite que son mari utilise pour son business et qu'elle ne connaît pas. Les lèvres tremblantes, se grattant nerveusement la tempe, elle marche à reculons dans sa robe de cocktail. Un groom de la conciergerie a pris la housse contenant les vêtements, ce qui me permet de la soutenir dans l'ascenseur.

Plus tard, je retrouve le pauvre Josh devant l'hôtel America, où il est descendu, rue Saint-Honoré, juste derrière le Majestic. Complètement trempé, tremblant de tout son corps, les yeux larmoyants, le visage marqué par des hématomes, il est dans un état lamentable. Les pompiers sont accourus à son secours, je fais l'interprète.

Sa réaction me trouble. Il n'a pas compris l'importance du dîner de l'amfAR. Il déclare avoir été violemment agressé par son boss Harvey Weinstein, qu'il a été frappé au visage, puis jeté par-dessus bord. Il veut déposer plainte contre lui en France et dès son arrivée à New York. Je lâche du bout des lèvres qu'April a été virée.

Quelques minutes plus tard, Emily, en tenue de soirée et arborant un sourire plus large que la baie des Anges, fait son apparition avec David dans le hall du Majestic. Ils attendent Harvey pour le gala, mais ce dernier a peut-être renoncé à s'y rendre. Georgina n'est pas en état, sinon elle aurait pu le convaincre, elle a une bonne influence sur son mari.

Coup de théâtre, Amber appelle, avec une voix d'outre-tombe qui laisse transparaître son angoisse.

– Bonsoir, Mickaël, Harvey et Georgina descendent dans cinq minutes, la voiture n'est pas loin, j'espère ?

– Oui, Amber, la voiture est là, ne t'inquiète pas. La ponctualité est ma vertu, je sais qu'Harvey a horreur d'attendre…

Malgré mon indulgence, ce chaos, ces débordements me déplaisaient. Pourquoi cette violence puisque tout lui réussit dans la vie ?

Amber arrive vers moi, suivie d'Harvey, vêtu d'un smoking scintillant, accompagné de Georgina, dont le corps tout rond dans sa robe de soirée devrait faire sa fierté. Maussade, son visage ruisselle de sueur. Il salue sèchement Emily, Alison et David, leur demande de le rejoindre au dîner de l'amfAR dans une autre voiture.

– Allons, allons, nous sommes en retard, grouillez-vous, s'il vous plaît.

Il essaie de ne rien laisser paraître, alors que tout se lit sur son visage. Il se tait pour réorganiser ses pensées en serrant les mâchoires. Il refuse de reconnaître son acte. Il tente de nier la réalité. En écartant les bras pour entourer sa femme, il me prie d'ouvrir la portière du véhicule. Son regard est fuyant, un tantinet inquiet, avant de prendre place à côté de sa muse. Sur le trajet, son silence plombe l'ambiance, personne ne parle.

C'est alors que le portable d'Harvey se met à vibrer, interrompant ce vide sidéral. C'est Tarak Ben Ammar, son associé, qui l'appelle au sujet d'une plantation en Louisiane, le nouvel eldorado hollywoodien où se tiendra le tournage de leur prochain film. Pour que La Nouvelle-Orléans et son État retrouvent toute leur place dans le cinéma international, les crédits d'impôt les plus généreux de tous les États-Unis ont été créés. Plusieurs grosses productions ont déjà foncé sans hésiter. Le dossier de la Weinstein Company vient d'être accepté. Harvey ôte enfin son masque de rabat-joie, un petit rire gêné le secoue, il est ravi de cette bonne nouvelle. Il tient à partager sa joie avec Georgina, qui en revanche reste marquée par les événements du début de la soirée. Elle fixe d'un regard mélancolique le paysage défilant le long de la pénétrante qui mène à Antibes, elle a le nez plongé dans un mouchoir imbibé de larmes.

De ses yeux scrutateurs, Harvey cherche mon regard dans le rétroviseur central pour traquer mes pensées. Il veut vérifier que je suis de son côté. Cette fois, mon indécision est manifeste, j'ai du mal à accepter son comportement. Il paraît prendre conscience qu'il est allé un peu loin avec Josh et April, mon désarroi est comme un témoin gênant qu'il aimerait pouvoir supprimer. Embarrassé de ne pas être de son côté, je fais vrombir le moteur, la voiture s'emballe et dévale le bitume à vive allure, je parviens tant bien que mal à suivre les virages en lacet, à éviter les nids-de-poule. J'ai été contraint de prendre des chemins de campagne pour arriver à temps à la plus grosse soirée de gala du Festival de Cannes.

L'amfAR, c'est plus de mille convives triés sur le volet, à raison de 3 000 euros le menu préparé avec grand soin par des chefs connus dans le monde entier. Comme je l'ai dit, Harvey est vice-président de cette association américaine de lutte contre le sida. Il organise pour la septième fois la vente aux enchères, avec Sharon Stone comme présidente. Cette année, l'actrice sulfureuse et sexy a fait croire que parmi les objets mis aux enchères se trouvaient ses strings personnels, dont certains portés les jours et les heures précédentes. Les fans devraient se les arracher à prix d'or. En réalité, les deux chauffeurs de Sharon Stone ont passé la journée à dévaliser les boutiques de lingerie de Cannes afin de permettre cette vente.

Mon véhicule est bien garé. Je me détends, je rejoins les autres chauffeurs qui se sont déjà rués vers les buffets sous les tentes prévues à cet effet. Comme la plupart des chauffeurs ont du mal à se restaurer pendant la durée du festival, ils se jettent sur les tables bien garnies, se resservent plusieurs fois, quand ils n'enfilent pas à la hâte des desserts dans leurs poches. Nous nous trouvons dans l'endroit qui rassemble le staff, les pompiers, les CRS, les gardes rapprochées. Chacun refait le monde, veut à tout prix avoir le dernier mot avec son ragot et s'esclaffe pour un rien. Le mobilier est constitué de chaises et de tables de jardin en plastique blanc, maculé des taches de l'année précédente.

Dans les sphères supérieures, les convives, mélange de stars de cinéma et de richards venus s'afficher, se prélassent autour de tables rondes nappées jusqu'aux chevilles de beaux draps blancs. Leurs chaises Napoléon III sont magnifiques. Le dîner présente le raffinement absolu de la haute gastronomie française, la vaisselle est en porcelaine, les verres en cristal étincelant, les couverts en argent et, évidemment, les grands crus coulent à flots.

À la fin de la cérémonie, Harvey pousse un long soupir de soulagement, affalé sur sa table, entouré de ses acolytes. Il annonce la somme de 12 millions d'euros, un million de plus que l'année dernière. Sur cette somme, il faudra soustraire les frais et charges occasionnés par l'événement et leur cachet, car Harvey et Sharon Stone s'octroient un dédommagement sur le chiffre atteint.

Il est 4 heures du matin, sur le chemin du retour, nous tombons sur un barrage de police. Ça bouchonne, les véhicules ralentissent et se suivent en file indienne. Notre voiture arrive à hauteur du flic, j'abaisse ma vitre pour lui parler, mais il ne me répond pas. Il garde les joues gonflées à bloc, son sifflet coincé dans sa bouche. Il me siffle dessus tellement fort qu'il déclenche un bourdonnement dans mes oreilles. Son bras en perpétuelle rotation invite à circuler. Il n'y a rien à voir, dit-il comme un robot. De l'autre côté de la voie, un accident mortel vient d'avoir lieu ; une flaque de sang se dilue dans l'huile de carter sous une voiture écrabouillée contre un orme immense ; des draps recouvrent deux corps sans vie qui jonchent l'asphalte. Toutes sirènes hurlantes, les véhicules prioritaires remontent la voie en sens inverse, la circulation se fluidifie peu à peu.

Harvey a tellement de mal à digérer son gueuleton qu'il est pris d'un hoquet l'obligeant à roter l'ail fermenté d'un gigot confit, exhalaison qui vient embaumer le peu d'air respirable dans l'habitacle. Outrée par l'attitude de son mari, palpitante de répulsion, Georgina peste et abaisse la vitre de son côté. Secouée par le spectacle, elle plonge son nez dans un mouchoir et, prise de chagrin, elle s'écrie : « Oh ! quelle horreur ! » en séchant ses larmes. Harvey reste placide, ses mâchoires roulant dans son visage, maugrée sur la scène qui défile sous ses yeux. Comme s'il regardait un fait divers devant un poste de télévision.

Nous rentrons à l'hôtel dans une ambiance morose. Les yeux d'Harvey traînent dans le vague puis reviennent me jauger dans le rétro de temps à autre. J'aide Georgina, qui a du mal à bouger, à sortir du véhicule garé devant l'Eden-Roc. Ses deux mains en courte échelle soutiennent bien son ventre rond et proéminent ; elle prend le temps d'un soupir et se lève avec difficulté. Le concierge et moi l'accompagnons jusqu'à leur suite. Harvey prend le relais avant de me congédier. Il marque un temps d'arrêt, lève la tête comme pour observer le lustre en cristal suspendu au plafond, se tâte le crâne le temps d'une réflexion et me dit de revenir le récupérer à 9 heures tapantes.

Une autre journée chargée s'annonce. Je rentre donc me coucher. Il est 6 h 35. Le temps est précieux, je ne perds pas une miette de sommeil et file droit dans mon lit.

15

Harvey a le dernier mot

En juillet 2010, j'ai dû sous-traiter une mission pour Harvey Weinstein venu en week-end à Saint-Tropez dans la villa de son meilleur ami français Nicolas. J'avais accepté un contrat pour un prince saoudien en vacances à Cannes et, quand Harvey me sollicita, je ne pus me dédire. Par chance, un ancien collègue, Franky, patron d'une société de limousines à Saint-Tropez, avait accepté d'effectuer la mission pour ma société. Il était ravi de conduire Harvey et Nicolas durant ce week-end du 14 juillet. D'autant que c'était très bien rémunéré.

Tout se passa comme sur des roulettes, jusqu'au dernier soir. Une fête qui s'éternisa chez Roman et Dasha, des amis russes, puis se poursuivit en boîte de nuit, aux Caves du roi puis en VIP room chez Jean Roch. Il était 5 heures du matin, Franky attendait dans sa voiture la sortie de ses clients.

Mais voilà qu'Harvey n'avait rien à se mettre sous la dent, pas de filles « pour l'entretien du moral ». Nicolas n'arrivait pas à calmer l'ardeur de son ami et à le raisonner malgré l'heure tardive. Ils se pointent devant la voiture de Franky, fatigué d'attendre, Nicolas prend place côté passager avant, mais Harvey traîne ses savates, tente de baratiner deux filles qui quittent les lieux. Comme une tique, il ne lâche pas le morceau.

– Elles sont superbes, pleines de talent. Si elles veulent faire du cinéma et être célèbres dans un film, je peux les aider.

Harvey ne parlant pas un mot de français, Franky fait l'interprète. Les filles acceptent et se font embarquer. Content de lui, Franky referme la portière sur la cheville droite malade d'Harvey. Erreur fatale. Harvey entre dans une colère noire et commence à insulter le chauffeur, à le traiter de connard, de stupide, de vaurien. Il veut lui casser la gueule. Agacé, Nicolas arrive à calmer tout le monde pour enfin rentrer à la maison dans la joie et la bonne humeur, en compagnie des filles, cadeau inespéré du ciel.

Avec moi, un tel incident était vite oublié. J'avais l'habitude. Les colères d'Harvey étaient aussi subites que brèves. Mais Franky se sentait humilié, il m'informa de l'incident et de son mécontentement, il voulait laisser tomber la mission. Sauf qu'il risquait de ne pas être payé. Comme il ne lui restait que le départ à assurer, je le convainquis de faire le dos rond et prendre sur lui.

Le lendemain matin, Franky arrive à 6 h 45 pour faire le *pick-up* d'Harvey, dont l'avion pour New York décolle de Nice à 11 heures. Voilà que le chauffeur commence à s'inquiéter, car pour être à 9 heures à l'aéroport de Nice il faut quitter la villa au maximum à 7 heures, et rien ne bouge à la villa.

À 9 heures, toujours personne, ni Harvey ni bagages en vue. Fou d'inquiétude pour Harvey, qui risque de rater son vol, Franky m'appelle.

– Salut, Mickaël, je commence à en avoir marre de ton client, ça fait deux heures que je l'attends, c'est la fin de la dispo, il est 9 heures passées, son vol pour New York est à 11 heures, c'est sûr et certain qu'il va le rater. Tu n'as qu'à le gérer, je ne veux rien savoir. Il a des assistants, après tout ! C'est plus mon problème.

– Salut, Franky, peut-être qu'il va prendre l'hélico pour aller à l'aéroport, tu n'en sais rien. Fais ton boulot jusqu'au bout, s'il te plaît, c'est pas le moment de capituler. Il te reste juste deux heures de conduite et c'est terminé. Merci pour tes efforts, allez courage, mec!

À 9 h 15, une porte s'ouvre enfin, le majordome de la villa apporte un gros bagage noir à mettre dans le coffre de la voiture. Cinq minutes plus tard, Harvey Weinstein arrive au pas de charge en boitillant, un iPad sous le bras, il bougonne au téléphone. Franky l'installe à l'arrière du véhicule en essayant de lui parler de son retard. Harvey n'y prête pas attention.

Le chauffeur ne perd pas une seconde, il démarre sur les chapeaux de roues et file à l'aéroport. Mais c'est trop tard, il est 9 h 45 quand il prend l'autoroute, un embouteillage monstre ralentit la circulation. Très cool, pas inquiet du tout, Harvey pose la question qui tue, il lance à Franky :

– Combien de temps faut-il pour arriver à l'aéroport de Nice? Mon avion est à 11 heures, j'espère qu'on sera à l'heure!

– Il nous faut au minimum deux heures, et là on va être très en retard. Ce n'est pas ma faute, vous êtes sorti à 9 heures de la villa et du coup on n'arrivera pas avant 11 heures! Je suis désolé pour vous, il y a du monde sur l'autoroute.

– Quoi? Vous vous foutez de ma gueule? J'ai un rendez-vous important à New York. Si je rate mon avion, je ne vous paye pas. Alors accélérez. Faites-le en trente minutes. Mickaël conduit mieux que vous et il y arrivait. En plus il me donne du Coca et de l'Évian très frais; pas comme vous, c'est de la soupe vos boissons, gros tocard que vous êtes... Aller, appuie sur le champignon, petit pédé, tu roules comme une gonzesse, t'as pas de couilles... *Fucking stupid driver*[17].

Quand Harvey tenait ce genre de discours, j'avais pris l'habitude d'en rire. Mais Franky pète les plombs et m'appelle.

---

17. Stupide chauffeur de merde.

– Mickaël, si ton client ne se calme pas et n'arrête pas de m'insulter, je le dépose immédiatement sur l'autoroute, et il va se faire voir chez les Grecs, avec des coups dans la gueule. Je m'en fous de son argent, de sa notoriété et de son cinéma de merde, là il me chie dans les bottes, c'est trop !

– OK. Je vais l'appeler pour le calmer. T'aurais dû le mettre dans un hélico à Port-Grimaud, il serait déjà arrivé à Nice, putain de merde !

– C'est pas mes oignons, je m'en tape. Tu comprends ?

C'est alors qu'Harvey intervient, je le soupçonne d'avoir compris le gros de l'échange.

– Tu parles avec qui au téléphone, *you little shit* ? On va être en retard ; en plus de ça hier soir tu m'as écrasé ma cheville avec ta portière de merde, et maintenant j'ai une entorse. Je vais t'attaquer au tribunal et c'est toi qui vas devoir me payer, pour m'avoir conduit dans des conditions lamentables. Surtout si tu me fais rater mon vol, tu devras me payer un autre billet pour New York, t'es content ? Alors, roule et ferme ta gueule.

Arrivé, à l'aéroport de Nice, Harvey sort de la voiture, se dirige vers le desk de Delta Air Line. Franky le suit avec son bagage à la main, il est 11 h 05, le guichet est fermé et l'avion est sur la piste dans le couloir du décollage. Deux hôtesses d'embarquement reviennent au guichet, elles se font héler par M. Weinstein très en colère d'être en retard. Il leur explique qu'il est hors de question que l'avion décolle sans lui et demande à parler au chef d'escale ou au directeur de la compagnie ainsi qu'au commandant de bord qu'il connaît bien. Les filles refusent net, elles se font incendier par les hurlements d'Harvey. Apeurées, elles appellent le directeur niché dans son bureau derrière une paroi vitrée. Un attroupement se forme autour du comptoir. Badauds et voyageurs curieux s'arrêtent pour observer Harvey en train de gueuler sur le directeur de la compagnie américaine.

Harvey aura le dernier mot. L'avion est stoppé en voie de garage, la police des frontières est appelée à la rescousse et, devant Franky ébahi, le commandant de bord fait descendre une passagère. Sa valise, quant à elle, est restée dans la soute. Harvey est invité à rejoindre l'appareil sans bagage. Escorté par les flics et le directeur de la compagnie, il prend place à bord et lance à l'adresse de Franky :

– Tu gardes mes affaires et tu diras à Mickaël de les envoyer par FedEx le plus vite possible.

L'avion décolle enfin.

J'ai insisté auprès d'Harvey pour que la facture de Franky soit bien réglée.

16

La perle de Nicole Kidman

Le festival 2010 avait été si crevant, si bordélique, que quand il s'acheva je me demandais pour la première fois si j'allais rester ou non avec Weinstein. Non pas à cause de lui, car il me traitait bien à l'époque. À cause de l'incompétence de ses assistants et de la charge de travail supplémentaire qu'ils m'imposaient. Dans le milieu, j'avais fait mes preuves. En servant un client hors norme, j'étais devenu un chauffeur influent. Dans le milieu des concierges et des chasseurs, chez les chauffeurs de grande remise, dans les sociétés de location de limousines, on me regardait avec respect. J'étais devenu un homme sage et puissant ; celui qui avait réussi à calmer le Gros Porc. C'était comme si j'étais le protégé d'un parrain, je pouvais prétendre à n'importe quel client. Aucun contrat, si difficile soit-il, ne semblait insoluble pour moi.

Ça c'était l'image ! Dans les faits, c'était moins simple. D'abord parce que les gros clients, les plus intéressants, c'est souvent par Cannes qu'on les chope. On fait un festival avec eux et on les a toute l'année, chaque fois qu'ils débarquent sur la Côte d'Azur. Or pour le moment j'étais LE chauffeur de Weinstein. Aucune agence, aucun intermédiaire n'aurait songé à me proposer un client. Ensuite, il y avait l'arrangement financier léonin qu'avait installé Weinstein. Les sociétés à responsabilité limitée, les SARL, sont payées à quatre-vingt-dix jours selon la loi. Bien sûr, certains clients débordent, vous paient au bout de quatre, cinq, jusqu'à six mois ; ce retard est un grand maximum. Le grand Weinstein, lui, me payait au bout d'un an ! Oui, une année ! Il faisait le tour du cadran annuel ! C'est-à-dire qu'il me payait le festival 2009 au début du festival 2010 ! Naturellement, c'était une façon de me tenir. Colérique comme il était, si j'avais fait mine de chercher un autre client, il ne m'aurait pas payé ! J'aurais dû aller devant des tribunaux... des tribunaux américains... Vous voyez l'entourloupe !

Bref, l'idée me traversa de le quitter, mais elle ne dura pas longtemps. Ce n'est pas tous les chauffeurs qui reçoivent des billets pour la montée des marches et des magnums de scotch Blue Label.

D'ailleurs, le samedi 30 avril 2011, je reçus un e-mail de Los Angeles qui était peut-être un avertissement détourné. Cette année, Priscilla était aux manettes : elle se présenta fièrement comme la nouvelle assistante d'Harvey Weinstein. Elle venait s'assurer que je veuille bien reconduire mon service pour le festival. Puis elle entama une négociation en essayant de tirer les prix au maximum vers le bas. Je dus me battre pour conserver mon budget.

La veille de l'ouverture, j'allai chercher miss Sarah, sa gouvernante, à l'aéroport. Apparemment, c'était un être cher au cœur du boss. Ce qui m'intriguait le plus, c'est qu'elle était d'origine algérienne comme moi et originaire de Kabylie, à ce qu'on m'avait dit au bureau de la production. Après de sobres salutations, miss Sarah prit place sur le siège arrière droit, la place d'Harvey. J'eus tout loisir de l'observer dans le rétroviseur. La tête légèrement penchée contre la vitre, le regard pensif, un bras appuyé sur l'accoudoir en cuir, le menton posé dans la paume de sa main, miss Sarah paraissait plongée dans une profonde méditation. Je me risquai à rompre le silence.

– Miss, je peux vous poser une question ?

Elle tourna la tête dans ma direction.

– Si je peux vous répondre.

– Jimmy m'a dit que vous étiez kadébyle, euh… pardon, kabyle.

– Vous êtes marrant, vous. On ne me l'avait encore jamais faite celle-là. Où l'avez-vous trouvée ? Bizarre que Jimmy vous ait dit une chose pareille !

– Juré !

– Bon, c'est vrai, Je suis de la Petite Kabylie. Mais pourquoi ?

– Ma mère aussi est de là-bas. Elle est de Jijel. C'est sur la même côte.

– C'est incroyable, ça ! Moi, je suis née à Tigzirt, c'est sur la côte.

– Oui, je vois très bien où c'est.

– Quelle coïncidence !

Mise en confiance, miss Sarah se mit à me tutoyer et à me raconter sa vie. Comment, par les hasards de l'existence, elle était devenue la gouvernante, la femme de confiance, du producteur Harvey Weinstein. Comment, alors que son père était très malade, il avait tout essayé pour le faire hospitaliser dans les meilleurs hôpitaux du monde. Voilà pourquoi miss Sarah lui vouait une reconnaissance infinie. Elle me raconta les soirées qu'Harvey organisait en grande pompe chez lui, où tout le gotha de New York, monde politique compris, se pressait.

– Mon mari aussi est chauffeur comme toi, à New York. Il a conduit des stars comme Nicole Kidman.

– Je connais son chauffeur préféré à Cannes. Il s'appelle Dino. Il lui sert un peu de garde du corps, c'est mon meilleur pote dans la chauffe, lui aussi est algérien. Les Algériens sont partout dans le monde, c'est marrant, n'est-ce pas ?

– Je la connais très bien, Nicole Kidman. Parce que, moi aussi, j'ai travaillé longtemps chez elle. C'était avant que j'atterrisse chez Harvey.

– Comment s'est fait le changement ?

– Il y a quelques années, avant de partir en vacances avec son mari Tommy, enfin Tom Cruise, elle m'a demandé de lui rendre un grand service, de remplacer la gouvernante d'un ami producteur qui traversait une période difficile. Il ne se remettait pas de son premier divorce, et de surcroît son dernier film, *Nine,* était un échec. Bref, il venait de faire un burn-out et elle aurait été reconnaissante si je lui rendais ce service. J'ai accepté.

Elle était devenue la chouchou d'Harvey, l'avait consolé, remis d'aplomb.

– Je ne suis jamais retournée chez Nicole Kidman. Harvey a tout fait pour que je reste à son service. Et il a fini par me convaincre de l'oublier.

– Vous êtes restée par pitié ?

– Un peu, mais pas seulement. Il sait se montrer très généreux. Mais quelques semaines plus tard, mon mari s'est fait virer à cause de moi. Miss Kidman n'avait pas digéré mon infidélité. Harvey lui a proposé un poste de chauffeur, mais il n'a pas accepté. Il a préféré prendre une place dans une société de cabs, tu sais les taxis jaunes de New York.

– Ah bon. Et pourquoi ?

– Ça ne va pas ? Tu sais qui est le chauffeur d'Harvey à New York ?

– Non.

– C'est un Pakistanais. Tu sais pourquoi ?

– Non.

– Comme ça, il peut le taper à volonté.

– Ah, d'accord.

– C'est marrant.

– Quoi donc ?

– Le chauffeur pakistanais. Il te ressemble.

– Merci bien. Mais tu sais, Sarah, moi, je ne suis pas pakistanais. Enfin… Des fois, je me demande si je ne le serais pas un peu…

– Pourquoi ? Il te frappe ?

– Non.

Nous avons éclaté de rire.

– Mais il est tellement, comment dire? Tellement… imprévisible.

– Aaah ça, c'est sûr. Mais tu sais, toi, il t'aime bien.

– Ah bon ?

– Si je te le dis.

– Mais comment tu le sais ?

– Je le sais à la façon qu'il a de parler de toi. Je le connais bien, M. Weinstein. Ah oui, ça, je le connais… Il arrive demain, d'ailleurs, avec sa nouvelle assistante, elle s'appelle Priscilla.

– Je sais, elle est déjà entrée en contact avec moi. Tu peux garder une info pour toi ?

– Bien sûr.

– Ça reste entre nous, Sarah, mais selon elle Harvey voulait que son amie Carmen, tu sais, l'actrice-productrice italienne, ait un nouveau téléphone pendant tout son séjour cannois. Un téléphone pour rendre la communication plus fluide avec lui. Je l'ai acheté et le lui ai déposé à son hôtel à Nice, ce matin, avec une recharge de cent euros. Elle m'a chaleureusement remercié et j'ai donc communiqué son numéro à Priscilla en mettant Harvey et ses assistants en copie.

– Oh la la la la la… j'ai rien entendu et surtout je ne veux plus rien savoir, me dit-elle sur un ton sarcastique.

– Ha ha ha ha.

J'appris qu'elle était est venue pour le baby-sitting du premier bébé de Georgina, la ravissante India Pearl.

Nous avons continué à bavarder de choses et d'autres, si bien que miss Sarah et moi-même n'avons pas vu passer le temps. Je l'ai déposée à l'Eden-Roc. Elle venait préparer la suite royale pour le boss et sa famille en ce début de Festival de Cannes 2011.

17

On se la coule douce

Dans la soirée du 11 mai 2011, un orage menace Cannes. Je suis à l'aéroport de Nice où j'attends sous peu l'arrivée d'Harvey. J'ai gagné la confiance du King of Hollywood, au point où il ne jure plus que par moi.

– *Oh my God…*

Soudain je le vois passer la police des frontières avec Priscilla, sa nouvelle assistante, une très jeune et pulpeuse blonde californienne, impressionnée par l'accueil chaleureux des douaniers français, parlant avec un accent très haut perché.

Je suis triste de constater que Harvey a encore pris du poids, surtout du bide. Je ne peux pas m'empêcher de penser que de là-haut, avec ses yeux de lémurien, il ne doit plus voir ses godasses.

– *Hello, Mickaël !* Content de te revoir. Comment ça va ?

– Bien, merci, Harvey.

– Toujours marié ?

– Toujours.

– Avec la même ?

– Toujours la même… Alors, c'est cette année, la Palme ?

– J'espère bien. On va les bouffer tout cru comme des sushis, ha, ha, ha ! Hum… Hum… Et devine quoi ? C'est Mélanie Laurent la maîtresse de cérémonie du festival, elle est toujours aussi resplendissante, je l'adore, cette actrice française, elle a beaucoup de charme.

Je lui avoue avoir vu deux fois *Inglourious Basterds*, multiplie les compliments sur la distribution. Pour moi, Mélanie Laurent avait un rôle sur mesure, je l'ai adorée avec Diane Kruger qui jouait avec brio l'agent double, Brad Pitt était parfait aussi, mais Christoph Waltz était largement au-dessus de la mêlée.

– Tous réussissent grâce à moi, sans Harvey ils n'en seraient pas là où ils sont aujourd'hui… Tant que je suis là, il y aura de bons films !

J'ai envie de lui citer *Nine*, qui fut un mégaflop et que je n'ai pas aimé malgré une distribution féminine faramineuse et des morceaux de bravoure. Mais je m'en garde bien ; Harvey appartient à l'espèce des génies intolérants, qu'il ne faut jamais prendre à rebrousse-poil.

– Et devine quoi, Mickaël, mon protégé est dans la sélection 2011. Quelques jours avant l'ouverture du festival, de justesse, le film *The Artist*, prévu hors compétition, est intégré en compétition officielle. C'est ce qui m'intéresse le plus dans ce foutu festival cette année. Je vais faire une folie en essayant d'acheter ce film muet produit par mon petit Thomas, mon producteur préféré. Et puis Jean Dujardin et Bérénice Bejo sont à croquer dans leur rôle. Bon, assez parlé ! Maintenant, grouille-toi d'aller chercher ma voiture, et j'espère que tu n'as pas perdu la main depuis l'année dernière, sinon gare à toi, *I'll kill you, bullshit driver*[18]. Et sois sympa avec ma nouvelle assistante, c'est une novice. Raccompagne-la à son hôtel et montre-lui le Majestic pour qu'elle fasse mon *check-in*. Fais-lui voir aussi Cannes autour du Palais des festivals. Mais avant tu me jettes à la Chunga, en face du Martinez, j'ai un dîner d'affaires, et reviens me chercher dans deux heures. OK, compris ? Hum… hum…

---

18. Je vais te tuer, chauffeur de merde.

– On ne fait pas la montée des marches pour l'ouverture ce soir ?

– *Fuck the stairs*[19], *OK ?*

– OK, ça roule. C'est noté. N'oubliez pas de prendre le parapluie, il tombe des cordes…

Avant de le déposer à la Chunga, j'ai voulu m'offrir un petit plaisir en passant devant mon ancienne agence. Le patron était sur le trottoir à discuter avec Maxime et d'autres chauffeurs. J'ai ralenti, baissé la vitre. Mon ancien boss s'est approché de la voiture.

– Salut, Jean-Jacques. Ça va ?

– Salut. T'as quelque chose à me dire, toi ?

– Regarde un peu.

J'ai alors baissé la vitre arrière. Parano comme à son habitude, Harvey s'est rebiffé avec vigueur.

– Tu fais quoi, Mickaël ? Pourquoi tu baisses la vitre ? Avertis, la prochaine fois.

– Désolé Harvey, j'en ai pour une minute.

– Regarde-le bien, Jean-Jacques. Parce que tu ne le verras plus jamais chez toi. Allez, bonne soirée ! Et bon festival.

Mon ancien patron est resté sans voix. J'ai redémarré, satisfait de ma revanche.

– Qui est ce connard de mec ?

– Mon ancien chef d'agence.

– M'en fous de ton ancien chef d'agence, c'est toi que je veux, moi ! Il ne me sert à rien ce péquenot ! Bon, tu magnes ton cul, je suis pressé. Compris ?

Cette année-là, l'emploi du temps du king était géré de New York par plusieurs assistants de production, dont le principal, un dénommé Jeff, Andrew et Jimmy, qui

---

19. J'emmerde la montée des marches.

m'envoyaient le programme de tout le festival à l'avance, puis l'ajustaient au jour le jour.

Harvey n'était plus producteur à cent pour cent, mettant les mains dans le cambouis des films comme auparavant. Désormais il était producteur délégué, se bornant à un rôle financier. Du coup, il assurait que la stratégie de la compagnie avait changé, qu'il allait se la couler douce pendant deux semaines, alors qu'avant il était accaparé par les films en cours de préparation.

En réalité, il est plus affairé que jamais, présent partout, sur le stand de TWC au Palais des festivals, aux premières, aux projections privées, aux soirées, dîners et cocktails. Il cherche la pépite, le film cannois qui pourrait s'acheter pour un kopeck et devenir un *blockbuster*, moyennant une campagne promotionnelle et quelques oscars. Pour ce faire, il s'est entouré de professionnels talentueux tels que Dan Guando, son ex-assistant chef de production du temps de Miramax, qui a supervisé l'acquisition et les sorties de films comme *The Imitation Game, The Artist, Fruitvale Station, Philomena, Blue Valentine, Fondateur*. David Glasser est son deuxième homme de confiance, responsable de l'exploitation de la compagnie. C'est le limier d'Harvey, un renifleur de pépites qui rôde dans Cannes pour dénicher le meilleur long-métrage.

En parallèle, Harvey cultive son carnet d'adresses huppé, ses connaissances dans la politique américaine (il a soutenu des candidats chez les maires, les députés, les sénateurs, les gouverneurs ; il a aidé par ses dons les campagnes d'Hillary Clinton et de Barack Obama ; dès qu'un politicard ricain est à Cannes, il le voit).

Et, en diagonale, le monstre sacré rencontre des producteurs puissants, des réalisateurs ayant le vent en poupe, la crème des acteurs / actrices qui veulent devenir producteurs comme lui ou qui le sont déjà, les grands banquiers, les professionnels du financement des superproductions, les princes arabes du Moyen-Orient qui détiennent les plus grands capitaux mondiaux, les oligarques russes philanthropes et certains grands patrons français, comme Bernard Arnaud, le patron de LVMH, qui a été l'un des a été l'un des associés de la TWC. Ces rencontres ont lieu lors de déjeuners et dîners d'affaires qu'Harvey multiplie dans les endroits les plus chics de Cannes, ou dans les soirées caritatives. Son péché mignon, ce sont toujours les belles et jeunes femmes, les mannequins, les actrices débutantes. Il ne me dit plus que « c'est pour entretenir le moral ».

Après avoir enchaîné à un rythme effréné les rendez-vous professionnels et relationnels de la journée, Harvey se livre à sa passion féminine en sautant dans ma voiture comme un jeune premier. Comme ce soir, où j'ai dû le transporter sur la jetée Albert-Edward du vieux port de Cannes, pour rejoindre le yacht Clara One, où il est attendu.

En chemin, il parle au téléphone avec Madonna avec une joie inégalée, sur un ton très enthousiaste. En arrivant devant la passerelle du bateau, il descend du véhicule, jette un rapide coup d'œil en direction du pont supérieur, marque un temps d'arrêt, se retourne vers moi et me lance :

– Ça va ? Je suis présentable ?

Après une inspection rapide et mon approbation, je le vois s'éloigner d'un pas précipité pour enjamber la passerelle du yacht. Il est surexcité. Sur le pont, j'aperçois une superbe créature, le sourire étincelant, lui tendre une main. Quel veinard ce Harvey, c'est sûrement son rendez-vous avec un mannequin et actrice, d'origine norvégienne, inscrit au planning de 17 heures. J'attends dans la voiture, la boîte à gants contient de la lecture.

Une heure plus tard, qu'est-ce que je vois ? Le Harvey descendre la passerelle, son rendez-vous à son bras. Je les embarque tous les deux. Dans la joie et la bonne humeur leurs conversations portent sur un projet de film. Des bribes de leurs échanges me parviennent aux oreilles, il évoque un contrat de confidentialité. Je roule en direction du Martinez, qui organise le cocktail de la Weinstein Company.

À 22 heures, on arrive au Bâoli Beach sur la Croisette où ils sont invités, et où se déroule un autre cocktail, après la projection au cinéma Star de *Wu Xia*, un film d'arts martiaux dont tout le monde parle. Harvey est intéressé par sa distribution aux États-Unis.

À une heure du matin, je les ramène au Majestic. Harvey me libère pour la nuit, avec ordre de revenir à 7 heures le lendemain. Je m'apprêtais à quitter l'hôtel, quand j'aperçois dans le rétro Priscilla en train de courir derrière moi. Très volubile, elle veut que je la dépose à son hôtel.

Harvey est entrée dans l'année de ses soixante ans, il devrait lever le pied, mais en réalité il en fait plus que jamais. Un exemple d'emploi du temps, avec le quatrième jour du festival 2011. Je puise dans mes agendas de l'époque pour vous restituer cette journée.

7 h 45 : je dois amener Harvey à l'hôtel Negresco à Nice, sur la promenade des Anglais, où il a rendez-vous avec Paolo Sorrentino, un réalisateur, scénariste et écrivain italien.

11 heures : nous sommes de retour au Palais des festivals, Harvey n'a pas moins de trois rendez-vous avec Fujifilm Motion Picture. Il faut qu'il aille à la projection presse de *Wu Xia*

de Peter Chan, à la salle Buñuel au palais. Le deuxième meeting est à 18 heures, avec le distributeur chinois de *Wu Xia*. Le troisième rendez-vous est à 20 heures : *Wu Xia, cast and crew meeting* avec toute l'équipe du film pour TF1. À cette occasion un buffet cocktail dînatoire est organisé à la terrasse UGC.

Et entre-temps, à 14 heures, c'est imparable, il faut que je le dépose sur le ponton de la plage du Carlton en compagnie de Priscilla. Une annexe Riva jet avec à son bord deux skippers habillés de blanc, polo, bermuda et casquette *My Odessa Yacht* vissée sur la tête, vient les embarquer pour un déjeuner d'affaires avec le big boss du bateau, Len, ami d'Harvey et associé de longue date.

À 20 h 30 Harvey dîne au restaurant gastronomique de l'Eden-Roc avec Charles Finch, le producteur, scénariste, réalisateur.

À 21 h 30, nous sommes en route pour la villa Eilenroc au Cap d'Antibes, Harvey est invité avec l'actrice Vanessa Hudgens à la soirée de l'agence CAA pour célébrer la 64e édition du Festival de Cannes.

Minuit, c'est l'heure de la salsa du démon, je sens que la soirée va être très chaude. Priscilla m'envoie un message, me confirmant la sortie de son boss et la soirée qui va s'éterniser jusqu'au bout de la nuit avec plus de trois invitations à honorer.

À une heure du matin, prochaine étape : le Carlton Beach transformé pour l'occasion en Nikki Beach, où se passe la Red Granite Launch Party by Kanye West, j'avance la limousine doucement sur la Croisette bondée, avant de la stopper devant le Carlton qui se trouve à deux pas de la party, pour faire descendre Harvey. Je le laisse traverser avec son assistante, ils se fondent dans une foule agglutinée devant l'entrée de la plage, un physionomiste et deux mastodontes filtrent l'accès des invités possédant un pass VIP. J'aperçois des flashs de paparazzis déchaînés qui crépitent autour du rappeur afin d'immortaliser son meilleur profil. Il est accompagné de Tom Jones tandis qu'une armada de *bodyguards* les encadrent avec ses amis, sans oublier sa troupe de danseuses aussi ravissantes et sexy les unes que les autres. Harvey arrive à point pour se rincer l'œil, il congédie d'un mouvement de tête sa charmante Priscilla, qui devient aux yeux de la soirée *persona non grata*.

À 2 heures du matin, Harvey ressort gaiement de la Red Granite Launch Party. Je le récupère aux anges avec deux mannequins bien éméchés sous les bras, qu'il embarque pour s'encanailler dans sa limousine, direction la soirée de Ron Tutor ! Il y a sur cette jetée plus d'une trentaine de super yachts organisant fête sur fête nocturne pendant le festival, sponsorisés par des sociétés de production et des maisons de grands crus. Tout le gotha hollywoodien vient se déhancher, s'amuser, se déchirer sur les rafiots des nuits cannoises.

Une heure après, Harvey quitte le Pegasus avec deux amies, deux superbes créatures. Tiens, ce ne sont pas les mêmes que tout à l'heure ! On revient sur la Croisette, cette fois-ci au Bâoli Beach où une autre fête est consacrée à Hannibal Pictures. Il ne s'attarde pas plus d'une demi-heure pour draguer, car une invitation plus importante l'attend à la villa Oxygène, à la réputation délirante et excentrique, située sur les hauteurs de Cannes…

Il est de très bonne humeur lorsqu'il est bien accompagné. Il tient à assurer ses soirées pour montrer à ses muses qu'il est un homme important et attendu partout… ce qui pour l'heure n'est pas faux !

À 5 heures du matin, on rentre à l'hôtel. Au passage il récupère une boîte de préservatifs parfumés dans la console centrale de l'accoudoir, sans oublier ses journaux. Avant de me lancer :

– *Good night, Mickaël,* à demain matin, 8 heures.

Tout se passe pour le mieux avec les dernières conquêtes… Bien sûr, Harvey n'a besoin que de quelques heures de sommeil. Mais combien de temps tiendra-t-il ?

18

Dans la peau de l'artiste

Cinquième jour du festival 2011.

Le rituel de la journée commence par la mise en place de la presse favorite d'Harvey, dans la voiture, à portée de sa main : *USA Today, Herald Tribune, The New York Times, The New Yorker*. Tous ces quotidiens anglo-saxons titrent ce matin sur le scandale du moment. L'affaire Dominique Strauss-Kahn, celle du Sofitel de New York ; l'homme politique est accusé de tentative de viol et de séquestration. L'État de New York a procédé à la mise en détention de Strauss-Kahn et engagé une procédure judiciaire. Celui-ci nie les accusations et fait savoir qu'il plaidera non coupable. Strauss-Kahn est défendu par un éminent avocat, Benjamin Brafman.

À 8 heures, Harvey prend place dans la limousine, avale ses médicaments ; nous quittons Antibes et partons en direction du Palais des festivals via le Majestic. Quand son regard croise le mien dans le rétroviseur, je lui dis que l'actualité est chaude. Je n'avais aucune arrière-pensée, aucun rapprochement ne me venait à l'esprit, mais ce n'est pas tous les jours qu'un présidentiable se trouve impliqué dans une telle affaire, surtout en France. Harvey s'empare des journaux, les parcourt d'une façon méthodique, durant tout le trajet sa tête est enfoncée dans les pages crissantes des quotidiens ; il ne donne ni ne reçoit aucun coup de fil. Il me tend même son BlackBerry, dont les textos l'énervent, afin que je le recharge. À son arrivée au Majestic, il sort de la limousine, blanc comme un linge, le visage suspicieux, les yeux affolés. Il s'appuie sur la Mercedes, retrouve son calme et me demande avec une politesse inhabituelle de lui garder soigneusement ces exemplaires de journaux. Sur le moment, j'ai cru qu'il y voyait une formidable histoire pour un film. Quelques années plus tard, Benjamin Brafman sera son avocat principal dans la formidable affaire de mœurs qui va entraîner sa chute.

Ce jour-là, il commence par un copieux petit déjeuner au restaurant du Majestic. S'ensuivent quatre projections dans quatre lieux différents, que nous menons tambour battant. Mais l'essentiel n'est pas là, c'est presque une mise en scène pour tromper ses concurrents, tout son esprit est occupé par un film historique expérimental, en noir et blanc et sans paroles.

À 11 heures commence la conférence de presse du film *The Artist* au Palais de festivals ; et en même temps une réunion entre Harvey et ses collaborateurs à propos de ce petit film muet qui va faire d'Harvey Weinstein le producteur américain le plus connu des Français.

Ensuite, Harvey a rendez-vous à la villa Dorane, au Cap d'Antibes, pour déjeuner avec Jean « Johnny » Pigozzi, un homme d'affaires, collectionneur d'art, philanthrope, photographe et héritier de la marque automobile Simca.

Mais j'ai bien vu que son seul souci était de ne pas manquer la projection officielle de *The Artist* au Palais des festivals, qui avait lieu à 14 heures. Comme pour *Nine*, dont l'échec colossal avait été gravé au laser sur sa peau, Harvey prend un énorme risque. Il mise gros, plus de trente millions d'euros pour acquérir un film dont les codes vieillots s'opposaient à toutes les habitudes du public ; un film qui remplissait toutes les conditions pour vider les salles de cinéma ! Malgré la mise en garde de son entourage professionnel, Harvey fonce tête baissée ; le projet lui tient à cœur. Réalisé par Michel Hazanavicius et produit par Thomas Langmann, c'est un formidable hommage à Chaplin et au cinéma d'Hollywood des années vingt, quand « le cinéma devient un art », comme dit Georges Sadoul. Harvey appelle Jean Dujardin son poussin et promet d'en faire une star américaine, tout comme la jeune actrice Bejo ; mais à ce stade, personne ne peut dire si le film va être un flop ou une réussite. Malgré l'énorme enjeu, Harvey est impressionnant de sang-froid, il assume tous ses rendez-vous, ne manifeste aucun ennui ni lassitude, alors qu'il est sur des charbons ardents depuis son arrivée à Cannes.

À 23 h 30, les dés sont jetés ! Pour sceller son acquisition, Thomas Langmann lui organise un dîner mémorable et une superbe soirée où sont conviés en grande pompe tous les professionnels du cinéma. La fête se déroule au sein du Park à Mougins, allée Saint-Basile.

1 h 30 : sortie éclair du dîner, nous voilà accompagnés d'Allison, repartis sur les chapeaux de roues en direction de l'hôtel du Cap, puis le Martinez Beach sur la Croisette pour la Art of Elysium / Relativity Party.

Une heure après un rapide tour d'horizon sur la plage du Martinez, il ressort d'un pas rapide pour se rendre au Palm Beach, le fameux Gotha Club où ce soir se produisent les Black Eyed Peas. Depuis ce matin nous sommes à fond la caisse ; le risque pris avec *The Artist* électrise Harvey ; lui a injecté une énergie folle. Arrivée à destination du club, une foule de plus de mille curieux et de festivaliers tourbillonne devant l'entrée du Palm Beach Casino où se trouve le Gotha Club. Sortie du boss du véhicule, et là... le pépin ! Il fait quelques pas puis s'arrête net, s'appuyant d'une main sur le capot et de l'autre se tenant la tête, pour se plaindre d'un malaise, maugréant :

– *OH ! OH ! Sshhiitt ! FUUCCKK ! What's happening to me*[20] ?

Son trouble m'inquiète, je le ramène aussitôt dans le véhicule à l'aide d'Alison, lui propose de l'eau fraîche, une serviette humide à mettre sur son front, un peu de clim pour l'aérer. Il reprend son souffle. Au bout de trois minutes, il insiste pour aller à la soirée Black Eyed Peas, car Madonna l'attendait.

Deux heures plus tard, Harvey a rejoint ma voiture avec une mine décomposée, ce n'était pas une fausse alerte. Ça ne rigole plus. Pour une fois, je le dépose à son hôtel tout seul.

Une bonne nuit de sommeil est nécessaire. Pour réceptionner frais et dispo sa compagne Georgina, qui arrive le lendemain après-midi avec leur fille India Pearl, âgée de huit mois et demi.

---

20. Oh merde, putain, qu'est-ce qu'il m'arrive ?

19

L'amoureux

Pendant que Harvey bouffe du film depuis 8 h 30 du matin, j'organise avec Laetitia, ma partenaire chauffeur, l'accueil de Georgina Chapman et du bébé à l'aéroport de Nice. Leur avion est prévu pour 17 h 20. Rachel, son assistante, les accompagne avec une nounou, et plus de neuf malles de bagages. Nous sommes au sixième du jour du festival 2011.

Grande, tailleur-pantalon très strict, avec une crinière blond platine qui lui tombe au milieu du dos, parfaitement bilingue, Laetitia est, comme on dit, une main de fer dans un gant de velours. Il me semble que sa personnalité douce mais volontaire plaira à l'épouse de Weinstein, qui a besoin d'un chauffeur pour elle toute seule depuis que le bébé complique ses déplacements.

Je confirme à Laetitia une voiture confortable et un grand van bagages pour les emmener à l'Eden-Roc. Arrivée la veille, Sarah avait organisé la suite royale des parents avec deux suites juniors connectées, qui ont vue sur la mer. Douce vie des fabricants d'étoiles et de rêve.

Il est 18 heures quand, l'air satisfait, Harvey quitte la salle de l'Olympia où on jouait le film *Bel Ami*. Nous nous dirigeons avec la Mercedes vers l'hôtel du Cap-Eden-Roc ; Harvey discute avec Georgina au téléphone, il a hâte de voir sa petite poupée, India Pearl. Hier c'était un tyran ! Ce soir c'est un gentil papa avec des manières. Je le vois faire un baisemain de gentleman à son épouse. Incroyable, mais vrai, cet homme peut se métamorphoser d'une façon instantanée. Combien de facettes possède-t-il ?

Le couple Harvey-Georgina sort pour honorer l'invitation de Naomi Campbell à sa soirée *fashion* pour le *Vogue* italien. Le défilé se tient en plein marché provençal aménagé pour l'occasion en *village people* ; une cérémonie suivie d'un cocktail VIP et d'une performance sur l'art des mannequins japonais. L'inévitable ballet de limousines et de stars dignes de Sunset Boulevard. La fête bat son plein, les flashs crépitent au rythme de la musique.

Vers 22 heures, second gala : nous arrivons au Martinez, où se tient la party de Chopard, le fabricant suisse de montres et de bijoux de luxe. La directrice artistique de Chopard habille parmi les plus grandes stars de cinéma pour chaque montée des marches. Comme à la soirée de Naomi Campbell, toute la crème du Festival de Cannes en est. À cause du nombre de bijoux au centimètre carré, le service de sécurité est impressionnant.

Après ma dépose, je n'ai toujours pas dîné, et pas de place pour me garer. En un éclair, je bifurque vers chez moi pour manger et me détendre un moment. Myriam, ma femme, me sert un repas qu'elle avait prévu.

Deux heures plus tard, Priscilla m'annonce la sortie imminente du cyclope et de sa déesse du Martinez. Je les aperçois qui m'attendent, au milieu d'un défilé de limousines, en me faisant un signe de la main. Direction Antibes. Nous voici de retour au bercail.

– *Home sweet home,* me lance Georgina.

Ils rentrent bras dessus, bras dessous, en amoureux. Rarissime fois où je les vois de dos rentrer à l'Eden-Roc, tel le couple idyllique de Peynet. Pour une fois je rentrai tôt, heureux de retrouver mon épouse en plein boom du festival. M. Weinstein allait-il s'acheter une conduite grâce à India Pearl, son bébé ?

Les journées se suivent sur le même rythme soutenu, mais ne se ressemblent point. Le lendemain, il est convié à un autre gala avec Georgina. Elle l'attend de pied ferme au Cap d'Antibes, pour qu'il puisse se préparer pour la party De Grisogono qui se tiendra à leur hôtel. De Grisogono est une marque de luxe suisse, qui produit des montres et des bijoux. C'est tout d'abord un dîner destiné aux clients VIP au restaurant l'Eden-Roc, puis une soirée dansante. Les invités sont étroitement contrôlés par un physionomiste. Par mesure de sécurité, l'entrée est également filtrée par un service d'ordre supervisé par la police aux abords du Cap. La party De Grisogono s'éternise. À 2 heures du matin, Harvey raccompagne Georgina à sa suite royale, leur nid d'amour où dort à poings fermés leur petit ange.

Je pensais aller me coucher, mais il me fait patienter. Un quart d'heure se passe et voici le king qui sort d'un pas décidé et s'engouffre dans la limousine pour repartir de plus belle se déchirer dans la nuit cannoise. Direction la Paul Allen Party, qui se tient sur son yacht *l'Octopus*, au mouillage dans la baie de Cannes.

L'accès aux navettes se fait devant la capitainerie du vieux port. Une masse d'invités s'est formée au pied de l'embarcadère, en une patiente file d'attente. Harvey débarque de la voiture, double la file d'attente à grandes enjambées et se jette de tout son poids dans le premier rafiot en partance vers le yacht, sous les yeux ébahis des invités restés scotchés devant son attitude, beaucoup pensant qu'il fait partie de la famille de Paul Allen.

Une demi-heure plus tard, il m'envoie un message pour m'annoncer qu'il débarque bientôt. Je l'aperçois marchant vers moi, tenant par le bras une jeune Américaine. Je leur ouvre la portière, ils s'engouffrent tous les deux du même côté. Il me demande de les déposer au plus vite à l'hôtel Majestic et de l'attendre.

À 4 heures du matin, il sort de l'hôtel la mine satisfaite, en compagnie de la jeune femme. Il a troqué son costume de gala contre une tenue branchée de jeune nabab, jean, tee-shirt et casquette.

Il me fait signe de m'occuper plus d'elle que de lui. Je les installe à l'arrière. L'accoudoir central est relevé pour plus de confort ; dans un soupir, la fille s'accole à lui en posant sa tête au creux de son épaule. Il l'enveloppe de son bras gauche puis, comme un grand amoureux, il lui prend la bouche. Les caresses et les gémissements se prolongent jusqu'à la destination de cette charmante Samantha, l'hôtel Impérial Garoupe au Cap d'Antibes, à quelques encablures du Cap-Eden-Roc. Une fois miss Samantha déposée à son hôtel, je ne lui demande même pas sa destination ! Je démarre et je roule vers son épouse. Une fois arrivé à l'Eden-Roc, il récupère ses journaux comme si de rien n'était et il me lance :

– *Drive well and good night*[21] *!*

– *Good night !*

– *OK, thanks !* Reviens me chercher demain à 9 h 30.

– À tout à l'heure.

Les jours suivants, je notai que Harvey n'avait pas changé sa ligne de conduite. En journée, toujours le même bourreau de travail, toujours la réunionite, mais parfois avec des écarts, comme ce neuvième jour où Priscilla m'envoie l'adresse d'une

---

21. Roulez bien et bonne nuit.

villa cannoise sur les hauteurs de la Californie, où je dois aller chercher deux invitées VIP italiennes et les raccompagner au bureau de production d'Harvey pour 14 heures tapantes. Arrivé sur les lieux, je me rends compte à leurs dégaines que ce sont des objets de plaisir tarifés pour distraire le boss.

En soirée, les galas avec sa femme, qu'il raccompagne une fois sur deux se coucher avec leur bébé. Le soir du gala de l'amfAR, qui se déroule à l'Eden-Roc, j'attends jusqu'à 5 h 30 du matin la venue de Weinstein. Mais Georgina l'a convaincu d'aller se coucher et, bien qu'on m'ait oublié en stand-by, cette normalité me réjouit.

La grande inconnue de ce festival pour Weinstein, c'est la place de *The Artist* dans la compétition. Cela le tracasse. Le film a-t-il une chance d'obtenir la Palme ? Cela rendrait sa distribution aux États-Unis si facile ! Par le président du jury, son ami Robert De Niro, il sait l'image positive du film auprès des jurés. Mais un autre opus prenait l'avantage, celui de Terrence Malick, *The Tree of Life*, qui avait manqué son entrée en compétition officielle l'année dernière, faute d'être achevé. Finalement, c'est bien *The Tree of Life* qui l'emporte, mais *The Artist* gagne le prix d'interprétation masculine.

Le lendemain c'est l'habituel départ à l'arrache.

12 h 30, hôtel du Cap-Eden-Roc : je suis en place avec trois autres chauffeurs pour assurer le départ de la famille…

Le grand départ des Weinstein se précise. Harvey et Priscilla voyageront avec Len à bord de son jet privé, à destination des States. Quant à Georgina, India Pearl, Sarah la gouvernante, Rachel et la nounou, elles décolleront pour Londres en vol privé Landmark. Le reste du staff de la Weinstein Company a quitté Cannes par ses propres moyens.

Sur le chemin du retour de l'aéroport vers Cannes, je réalise que ma mission vient de prendre fin. La ville s'est vidée en un temps record, le démontage des installations du festival s'est déroulé à la vitesse grand V, mais mon esprit est encore dans un rythme harassant, cherchant quelque chose à faire, une course oubliée, une tâche négligée.

À chaque fin de mission avec Harvey, je suis comme un amputé qui cherche son membre disparu. Il me faut au minimum trois jours pour retrouver mes esprits, le sommeil et une vie normale avec Myriam.

Était-ce un festival comme les autres qui venait de s'achever ? Je le croyais, mais avec le succès de *The Artist*, un mécanisme terrible s'était mis en place, qui allait pousser mon boss aux limites de sa folie.

Troisième partie

20

On ne parle que de lui

Mardi 15 mai 2012, veille de l'ouverture du 65e Festival du film. Depuis maintenant cinq ans que je suis le chauffeur attitré d'Harvey à Cannes, je m'intéresse à son cinéma. J'ai donc suivi attentivement le déroulement des Oscars. Je n'ai rien loupé de la retransmission télévisée, des cinq statuettes raflées par l'équipe de *The Artist*, celle du meilleur film étranger, de la meilleure interprétation masculine (pour un Jean Dujardin talonné par George Clooney et Brad Pitt), du meilleur réalisateur, de la meilleure musique et du meilleur costume. C'était la première fois qu'une production française obtenait une telle consécration. Et comme les médias français n'avaient cessé de le clamer, toutes ces récompenses n'existeraient pas sans Harvey, qui avait sacrifié aux fétiches de la célébrité quelque chose comme le budget du film (15 millions d'euros), voire le double, pour la promotion de *The Artist* aux États-Unis.

Je n'en revenais pas qu'il faille autant d'argent pour faire connaître une œuvre qui, somme toute, rendait hommage au cinéma américain. L'État était si peu soucieux de ses racines artistiques, qu'il laissait un particulier batailler à sa place pour faire connaître le passé qui lui avait permis d'imposer son usine à rêves au monde entier !

L'oscarisation américaine d'un long-métrage français était si rare que notre presse nationale en avait fait des tonnes sur le Grand Dragon Harvey Weinstein. Les journalistes insistaient sur son instinct prodigieux et ses manœuvres machiavéliques pour imposer le film aux States, mais aucun n'évoquait son acharnement au travail, sa rigueur maladive… ni d'ailleurs son addiction aux plaisirs de la chair. C'est peut-être ça se hisser au rang de personnalité publique : toute l'activité professionnelle devient soit magique, soit diabolique, et un voile pudique tombe sur la vie privée la plus débridée. À cette date, faire une remarque désobligeante sur M. Weinstein n'était pas d'actualité. En France, il était devenu quelqu'un, un titan cité bien au-delà du milieu des cinéphiles, dont le physique était en effigie au journal télévisé, reconnu dans la rue, pourchassé pour une photo.

– Weinstein ? Non, je ne vois pas…

– Mais si, c'est le mec qui obtenu cinq « oscars américains » (sic) à un film français.

– Ah, le gros avec des yeux de poisson ! Oui, je vois.

– Ben, il a eu la rosette pour ça ! Chapeau le mec !

– Putain…

Le cinéma américain est si inhospitalier, tellement protectionniste avec les siens, que Weinstein était devenu notre champion, un chevalier de la francophonie. Tout ça pour un film muet ! Même dans la chauffe, oublié le Gros Porc, la baise sur un capot. Weinstein était un Résistant, un homme de bonne volonté, un géant.

Pour ceux qui n'ont pas de mémoire, je rappelle qu'il a été nommé chevalier de la Légion d'honneur par le président de la République française, Nicolas Sarkozy, en avril 2012. Et qu'un mois avant, l'ambassadeur de France à New York lui remettait l'ordre du mérite pour avoir emmené un film français triompher à l'académie des Oscars à Hollywood.

Ce contexte est important pour comprendre l'attitude des Cannois et des festivaliers lors de ce 65e Festival de Cannes. Weinstein était à présent un intouchable ! Dans ses déplacements, il était ovationné ; on poussait des hip hip hip… À chacun de ses rendez-vous, c'était M. Weinstein par-ci, M. Harvey par-là, félicitations, courbettes et compagnie. Et c'était très différent de la reconnaissance stomacale portée naguère au bon client ! Ça venait du cœur ! De l'âme, disaient les croyants ! La nation reconnaissait l'un des siens ! Le petit peuple chérissait un protecteur ! Ceux d'en haut adoubaient une ceinture noire de la culture française ! Mais je vais trop vite. Reprenons depuis le début.

À 23 heures, j'étais à l'aéroport de Nice, aux affaires privées. Harvey devait arriver à 23 h 30, en compagnie de Priscilla, son assistante de l'année précédente. Un bon signe pour le déroulement apaisé, sans bordel, du festival. On m'apprit que le vol en provenance de Londres avait une heure de retard.

Quarante-cinq minutes plus tard, son jet privé atterrissait. Aussitôt, coup de fil de Priscilla me demandant où j'étais. Elle ne me voyait pas et s'inquiétait au sujet de son *welcoming*. Je la rassurai, le véhicule était à la sortie, juste après la police des frontières. L'impatience des personnalités, déjà…

Le silence était d'église, pas un chat aux affaires privées. J'étais là, seul devant ma limousine, c'était le dernier vol en provenance de Londres. Ce calme mit en valeur leur apparition. La veste jetée sur l'épaule, bien bedonnant, chemise blanche et pantalon noir tenu par des bretelles, le titan avançait d'un pas incertain. Sa silhouette s'était encore épaissie, elle s'était rapprochée de celle d'Oliver Hardy, l'immortel comique du cinéma muet. D'autres choses avaient changé en lui, mais c'était tellement subliminal que je n'arrivais pas à l'isoler, cela échappait aux mots.

Harvey arborait un sourire de star de cinéma et se comportait comme tel, c'était nouveau. Mon client préféré avait toujours été un être ondoyant et multiple, mais jusque-là la vanité ne faisait pas partie de sa personnalité. Il était insupportable et colérique, parce qu'il était impatient. Alors que je lui ouvrais la portière, il me serra pourtant la main chaleureusement. Puis, d'un mouvement naturel, il me tendit sa boîte à surprises, la mallette en aluminium qui ne le quittait jamais. Sa veste taillée sur mesure pendait négligemment sur son épaule, de sorte que le revers décoré d'une rosette apparaissait bien en évidence ! Je compris alors que cette Légion d'honneur avait produit quelque chose en lui, un vaste choc dans sa tectonique mentale. Mais j'étais loin d'avoir réellement saisi l'importance incroyable de cette décoration pour lui. D'habitude, Harvey fuyait les honneurs, il n'en voyait que le côté pesant et ridicule. Cette fois, je sentais que c'est différent.

– *Hi, Mickaël !* Content de te revoir, comment ça va ?

– *Hello, Harvey, me too !* Je vais très bien, je te remercie, félicitations pour ton succès ! L'artiste c'est toi !

– Ha ha ha ! En voiture !

Avec sa permission, je mis en route la radio, on parlait de lui et de sa décoration. Installée à l'arrière, Priscilla gloussa et lui traduisit le speech. Il s'esclaffa d'un grand rire satisfait. Que me réservait-il cette année avec ce nouvel événement ? Son sourire était chaleureux, ses manières prévenantes, mais chez un cyclope ça n'avait pas la même signification !

Très vite, il apparut que, si cette 65e édition du Festival de Cannes rendait hommage à Marilyn Monroe, la vedette c'était l'homme nouveau que je transportais. Chaque jour transformait davantage Harvey. Ce n'était plus seulement un producteur bourré de thunes et de manières détestables, ami des grands de la planète, craint par toute la profession. Il était célèbre comme un artiste, divin comme un immense réalisateur ou un comédien unique dans son art !

À 1 h 25, lors de notre arrivée au Majestic, l'accueil fut délirant. Tout le personnel présent lui fit une haie d'honneur, comme pour un footballeur. Il passa au milieu de tous ces gens qu'il avait insultés cent fois, en se dandinant comme Babar et en tapant dans les paumes des mains. Les très anciens, qui l'avaient connu dans la dèche (Léo et un autre), lui serrèrent cérémonieusement la paluche au nom de la France. Ils lui donnaient les clefs de la ville de Cannes, en quelque sorte. Harvey recevait ces hommages comme le grand Moghol dans une série télé sur Marco Polo : il levait fièrement la tête, puis la secouait de haut en bas, pour remercier.

Le lendemain matin, il ne tenait pas en place. Tels des marathoniens, nous menions rendez-vous sur rendez-vous ; petits déjeuners, brunchs, déjeuners d'affaires, entretiens téléphoniques, scénarios parcourus dans la voiture, rien ne le fatiguait. Il faut dire que, partout où nous entrions, les ovations continuaient, comme une drogue qui entretenait sa vitalité. Comment peindre ce délire collectif ? Tout le monde le remerciait, l'aimait – certains parlaient même d'une place au Panthéon ! À 11 h 30, dans une salle du Palais des festivals pour visionner *De rouille et d'os*, les hourras interminables qui saluèrent son installation dans un fauteuil réveillèrent mes acouphènes.

Il était 16 heures quand je reçus un appel de Priscilla me confirmant d'aller chercher des invités pour Harvey à quelques kilomètres de Cannes, de les déposer au bar du Majestic pour 17 heures. Trois jeunes femmes, la trentaine, d'origine slave, très élégantes, parlant un anglais approximatif. Le médicament pour le moral ! La posologie habituelle. Le cyclope me dit de revenir dans la soirée.

Quand Harvey émergea de sa chambre d'hôtel, la satisfaction sexuelle semblait lui sortir par tous les pores du visage, m'assura un groom qui s'était occupé du taxi des filles. Je lui étais reconnaissant de ne pas avoir exigé que je raccompagne les filles ; on était taxé de proxénétisme pour moins que ça.

Le soir, accompagné de David Glasser, Dan Guando et Emily, il dîna avec le producteur Thomas Langmann à l'hôtel Martinez. Vers une heure du matin, au digestif, il manifesta son envie de faire quelques pas sur la Croisette pour rentrer à pied jusqu'à son hôtel. Ça ne lui était jamais arrivé. Promenade de santé ou besoin d'être reconnu dans la rue ? Emily ne le lâchait pas d'une semelle : on aurait dit qu'elle le surveillait, elle lui tenait sa veste. Comme il avait plu pendant le dîner, les rues étaient désertes. Je le voyais marcher les mains croisées dans le dos, un geste qu'il avait pour se calmer les nerfs.

Je ramenai lentement mon véhicule jusqu'au Majestic. Une demi-heure après il arriva avec Emily. Au même moment, Priscilla sortait de l'hôtel avec un nouvel assistant new-yorkais. Ils vinrent à sa rencontre, cherchant à valider son planning du lendemain matin. Le briefing fut bref, il congédia tout le monde pour la soirée et nous donna rendez-vous à 8 heures du matin.

Avant de rentrer chez moi, je déposai Priscilla à son hôtel. Sur le chemin elle m'apprit que Georgina Chapman arriverait le 22 mai avec India Pearl et son assistante, Rachel. Elle me confia, après m'avoir fait jurer le silence, que madame était enceinte d'un deuxième enfant, cette fois-ci un garçon était annoncé.

21

La rage de dents

Cette matinée était digne d'un jour d'été, pas un brin de vent, un soleil splendide, le thermomètre à 28 degrés. Tout avait bien commencé pour cette seconde journée. Harvey s'était rendu à Cannes en bateau, j'étais en stand-by à l'Eden-Roc. Malheureusement, le break s'écourta bientôt, le numéro de Priscilla s'affichait sur mon portable. Je décrochais avec appréhension.

– Salut, Mickaël, Harvey te demande de venir à Cannes tout de suite! Dans combien de temps tu peux être là?

– OK, j'arrive dans une vingtaine de minutes, laisse-moi le temps de partir du Cap.

Elle ne m'avait pas expliqué le problème. Le planning était plein de rendez-vous, de projections privées, de déjeuners d'affaires, et une soirée importante se profilait. Plein de raisons pouvaient expliquer cette modification de mon emploi du temps.

À Cannes, le géant était aux abois, il fallait l'emmener chez le dentiste en urgence. Il sortit de la conciergerie du Majestic, la main sur sa joue gauche enflammée. Le concierge lui avait pris rendez-vous dans un cabinet dentaire se trouvant deux rues derrière l'hôtel. Je m'empressai de le véhiculer, même si à pied le trajet aurait été plus simple, à cause des sens interdits. Il était infect et grognon, il gueulait avec une humeur de pit-bull. Je ne sais pourquoi, j'étais le premier visé, la cible privilégiée de ses injures.

– Incompétent, t'as mis une demi-heure pour venir ! Je te paie à rien foutre ou quoi ?

– On arrive chez le dentiste, il vous attend, ça va aller…

– *Fuck you, Mickaël !* Explique ton retard.

– J'ai mis vingt minutes. Personne ne m'a dit que c'était une rage de dents.

Priscilla me suppliait des yeux de la couvrir, Harvey détestait que ses ennuis de santé soient étalés sur la voie publique, elle avait tu son mal par réflexe.

– Quand tu veux, tu mets dix minutes pour faire Antibes-Cannes ! Tu sais qui je suis, bordel ?

– Monsieur Weinstein, pendant que vous me disputez, le médecin vous attend pour supprimer la douleur.

Il descendit de la voiture avec Priscilla, marcha vers le cabinet du dentiste puis, au milieu de la rue, se retourna vers moi, me héla avec un bras d'honneur. Je mis ça sur le compte de la douleur. Un bridge complet s'était fissuré, un implant avait sauté de sa gencive. Normal, Harvey adorait croquer dans tout ce qui était goûtu, sucré ou salé, bonbons, olives, pistache, cacahuètes… Ses insultes continuaient dans la rue, faisant se retourner des passants, jusqu'à ce qu'ils entrent dans l'immeuble. J'enrageais de cette injustice, je pensais : « Bien fait pour sa gueule, le Bon Dieu le punit sur place ! »

Trois quarts d'heure plus tard, il ressortait du cabinet dentaire, sa main gauche toujours plaquée sur le visage. Il devait être soulagé, pourtant il m'adressa un regard hargneux avant de s'installer dans la limousine.

Alors que nous repartions vers son prochain rendez-vous, il me fit ouvrir les vitres en grand, insistant sur son besoin d'air naturel, alors que la climatisation marchait impeccablement. C'est alors qu'une abeille s'introduisit dans l'habitacle et le menaça de son dard venimeux. Pas de chance, son type de peau attirait les insectes. Battant des bras comme un oiseau en perdition, il la chassa avec colère. Son coude heurta Priscilla. Au lieu de s'excuser, son visage se crispa et il l'insulta. Puis il tourna sa hargne vers moi, encore et encore, comme si j'étais devenu son souffre-douleur.

– Tu vas voir, Priscilla, ce nullard de chauffeur va nous faire rater la séance, c'est couru d'avance !

22

Trahison à domicile

Une semaine de festival avait passé. La pluie avait repris, elle tombait par intermittence, un jour sur deux. Je n'étais plus le meilleur chauffeur au monde, mais le point de mire de l'humeur du titan. Si j'avais encore droit à quelques compliments, les insultes pleuvaient désormais ; et quand le monstre avait besoin d'un objet à ridiculiser pour faire rire une jeune femme, j'étais la cible toute désignée.

À la maison, je n'osais rien dire à Myriam. Quand elle demandait des nouvelles de ma mission, s'inquiétait de mon client, j'empruntais à Harvey son « Hum..., Hum... ». Je devenais acariâtre, reportais sur elle mon humeur déprimée, ne savais que critiquer les coups de main qu'elle apportait à l'entretien de la voiture ou à l'organisation de mon service. Comme nous sommes un couple très soudé, cela ne pouvait pas durer longtemps.

Vint le jour où le monstre commit le pire geste que je pouvais imaginer.

Il était 7 heures du matin, le ciel commençait à s'éclaircir. La pluie tombait à pic pour assainir les rues, purifier l'air. Si cela pouvait chasser aussi les traces des soirées d'orgie et des frasques du nabab, je n'y verrais pas d'inconvénient. La salsa du démon avec les actrices en herbe avait recommencé de plus belle. La gloire publique et sa position officielle ne l'avaient pas calmé. Il était temps que je rentre dormir.

Or sa chère épouse Georgina Chapman arrivait ce jour-là. N'allait-il pas lever le pied ? J'espérais que la situation de sa femme allait ralentir les ardeurs du monstre. Son assistante, Rachel, m'avait alerté sur son état de fatigue due à sa grossesse. À charge pour moi de mettre à sa disposition une voiture confortable pour la conduire de l'aéroport à l'hôtel du Cap-Eden-Roc. Un grand van bagages était aussi nécessaire pour transporter son énorme collection de robes de cocktail et de chaussures extravagantes, qui allait servir pour le défilé de mode que la styliste préparait à la villa Dorane.

Avant de me coucher, je demandai à Myriam de prévenir Laetitia : c'est elle qui devait s'occuper de l'accueil de Georgina à l'aéroport de Cannes-Mandelieu, vers 13 heures.

Je suis exténué : au contact du drap, je perds conscience. À 10 h 45, mes yeux s'ouvrent en sursaut, mes paupières sont lourdes, mon cœur bat comme un tambourin, ma gorge est sèche. Mon horloge interne m'a sauvé la mise. Il faut que je sois à 11 heures tapantes au Majestic pour emmener Harvey à ses rendez-vous. Une journée de travail d'arrache-pied nous attend, pas un moment de répit ni de détente. Les réunions sont effectuées à un rythme effréné. Le monstre a bouffé du lion.

La nuit venue, à une heure du matin, nous sortons du Martinez qui accueillait la soirée Chopard, sponsorisée par Lexus. Nous filons directement à la party de Dolce & Gabbana, au célèbre Bâoli.

En compagnie de sa charmante épouse, Harvey se comporte comme un gentleman, il est d'une galanterie surprenante pour qui le connaît au quotidien. Sa compagne apprécie cette délicatesse ; hélas, le tumulte et le vacarme de la soirée assaillent ses nerfs, ses hauts talons martyrisent ses pieds, elle ne rêve que de son lit. Harvey se comporte jusqu'au bout avec classe et, par téléphone, me demande d'avancer la voiture pour madame. Je m'y emploie sans perdre une minute pour les raccompagner à leur hôtel, car moi aussi, épuisé de fatigue, je ne songe qu'à aller me coucher.

À 3 heures du matin, sur la suggestion de Georgina, qui adore longer la côte, j'emprunte la route du bord de mer qui traverse Golfe-Juan et Juan-les-Pins. Pareil à un sénateur, fenêtres ouvertes, je roule doucement jusqu'au Cap d'Antibes, la promenade est si parfaite que j'oublie mon épuisement. Avant d'arriver à l'hôtel, Harvey lance à sa dulcinée :

– Chérie ! je te laisse rentrer tranquillement avec Mickaël, j'ai un rendez-vous express avec Ben, tu sais, l'histoire du remake de *Lawrence d'Arabie*, je dois absolument le voir avant demain, je te rejoins dès que c'est fini, promis !

– Mon loup, ça ne peut pas attendre demain ?

– Non… le décalage horaire… même une Anglaise sait ça, chérie.

– Bon, je serai tombée dans les bras de Morphée quand tu reviendras. Ne tarde pas trop, s'il te plaît, et pas de bruit quand tu rentres.

– OK, chérie, promis, à tout à l'heure ! Mickaël, tu me déposes devant le Cap, tu raccompagnes Georgina à l'Eden-Roc et tu reviens m'attendre après !

– OK, Harvey.

Dans le rétro, j'aperçois Georgina s'abandonner au fauteuil de cuir, fermant les yeux de fatigue. Avec douceur, je l'accompagne jusqu'à sa suite royale. Elle esquisse un joli sourire. En revanche, j'ai une pensée pour le monstre ; je ne suis pas rentré de sitôt s'il repart en chasse.

Si cette pauvre Georgina savait seulement un dixième de ce qu'il fait de ses nuits blanches, avec ses call-girls slaves, ses actrices débutantes, ses mannequins qui rêvent de films, ses jeunes et jolies naïves… Je crois que, de chagrin, elle se jetterait à la mer. À moins qu'elle ne l'attaque pour adultère devant un tribunal et réclame la moitié de sa fortune. Hélas, l'amour rend aveugle…

Il est 4 heures du matin, j'ai hâte de savoir avec qui il a rendez-vous si tard, je me précipite vers le Cap d'Antibes, je le soupçonne de mentir effrontément. Harvey m'envoie un message pour me dire qu'il est reparti sur un bateau amarré au large de la baie d'Antibes. Il m'attend au petit port Gallice. Aussitôt j'avance mon véhicule vers le dock.

Trois minutes plus tard, je vois arriver une petite navette, Harvey est accompagné d'une superbe créature, une beauté vraiment exceptionnelle, pieds nus, les chaussures à la main. Elle semble déguisée, sa tête est couverte de son blazer, coiffée d'une perruque blonde coupée au carré, en petite tenue sexy qui ne cache rien de sa beauté. Est-ce une de ces starlettes en maraude sur la Croisette ou une actrice qui veut être incognito ? Il est allé la dénicher dans une soirée privée sur le yacht d'un de ses amis. Tous deux sont déchirés par l'alcool, ils s'engouffrent à l'arrière de la voiture, et Harvey me fait signe de retourner fissa à l'hôtel du Cap-Eden-Roc… Je n'en crois pas mes oreilles, il a perdu la raison : on va à l'hôtel où crèche sa propre femme enceinte de cinq mois…

Je file sur le chemin de l'hôtel, la fille est défaite, elle l'excite, Harvey est en extase, il se met à la caresser partout, à enlever les derniers centimètres de tissu qui la couvraient. Ça gémit, ça se taquine, il lui mord l'épaule, la fille lui demande de ne pas lui faire mal, c'est un désastre, il ne respecte personne le salaud. Sa grosse masse s'agite un moment sur la banquette, puis tout s'inverse, elle descend à la cave.

Dans le rétroviseur, il me surprend les sourcils froncés, en train de zieuter la fellation royale. Concupiscence ou dégoût ? J'ignore la raison de mon voyeurisme tant la fatigue brouille mes réflexes. Pendant que sa femme dort à l'hôtel tout près, monsieur ne perd pas son temps. Une fellation dans ma voiture ? J'ai envie de gerber. C'est la première fois que je le vois se comporter de cette façon, son visage de malade du sexe. Le voilà qui pique une grosse colère.

– Regarde devant et continue à conduire, connard ! On va au Cap, tu comprends ? Oui ? Tu nous y emmènes ou quoi ?

– Oui, oui, bien sûr, Harvey.

Il a réussi à me stresser, ses paroles m'ont blessé, la tension monte. Son visage est braqué sur moi tel un rapace en piqué. Il cherche à m'intimider, à faire peser son joug, à m'effrayer. Il y est souvent arrivé, mais pas ce soir. Quitte à tout perdre, j'ai envie de le faire descendre du véhicule, d'arrêter cette mission avec perte et fracas. Je me ressaisis avec difficulté, je prends sur moi, je ferme ma gueule pour garder mon job, mais jusqu'à quand ? Si ce n'est pas moi qui le conduis, ce sera un autre. Il n'arrêtera jamais ses turpitudes, le pouvoir lui donne des ailes.

La descente vers l'hôtel du Cap apparaît, je ne sais comment j'ai pris la direction de l'Eden-Roc. Je me rends compte de ma boulette trop tard. Quand il s'aperçoit que nous nous approchons de l'entrée de l'Eden-Roc, au lieu d'être devant celle du bâtiment mitoyen, il hurle à me déchirer les tympans.

– Connard de chauffeur de merde, où tu vas comme ça, hein ? Va au Cap, pas à l'Eden-Roc, OK ? *Fuck off, son of a bitch*, qui t'a dit d'aller à l'Eden-Roc ?

Marche arrière pour reprendre le chemin de l'hôtel du Cap, où il a dû réserver une garçonnière pour ses plans cul. Tout simplement. Alors que son épouse dort tranquillement à l'Eden-Roc, hôtel attenant à l'hôtel du Cap, à quelques dizaines de mètres. Il saute de la voiture avec sa proie à la main, ils gravissent à toute allure les escaliers majestueux de cette demeure du XIXe siècle, la fille disparaît ensuite vers les étages. Harvey me fait signe de l'attendre, le concierge de nuit l'accueille en lui remettant les clés. Une fois Harvey disparu, il maugrée à mon intention :

– Salut, Mickaël ! Il n'a pas froid aux yeux le gros, il s'amène ici avec une fille alors que sa femme dort en bas. Tu as vu comme il transpire ! Un vrai fauve en rut.

Une heure plus tard, je suis dans ma voiture en train de ressasser, en essayant de me détendre un peu, le temps qu'Harvey fasse ce qu'il a à faire. Je n'ai rien à dire, apparemment tout le monde est au courant de ses cochonneries. J'ai tout vu, j'ai tout entendu, mais je dois fermer ma gueule. Comme les concierges tenus au secret professionnel, l'omerta hollywoodienne s'est propagée dans toutes les loges des palaces de la Côte d'Azur.

Soudain, mon téléphone sonne. Bon Dieu ! C'est le numéro de Georgina Chapman ! Ça y est, mon cœur s'emballe, je suis livide, on est dans la merde, que vais-je répondre ? Répondre, oui, mais quoi dire, putain de merde… Je décroche.

– Allô, oui, Georgina ! Tout va bien ?

– Mickaël, il est 5 heures du matin, vous êtes où ? Où est Harvey ?

Lui raconter un bobard. Je suis obligé de lui mentir sinon c'est le carnage. La fausse couche me pend au nez. Ce con d'Harvey m'oblige à mentir à sa femme. Dans son état, il est hors de question de lui dire la vérité, elle la découvrira un jour ou l'autre.

– Désolé Georgina, on est à l'hôtel du Cap, je l'attends de… de… dehors, il est en… en rendez-vous… encore à l'hôtel du Cap.

– Quelque chose ne va pas, Mickaël ? Vous n'êtes pas bien ? Vous bégayez. Vous êtes malade ?

– Excusez-moi, Georgina, mais je suis un peu fatigué, il est tard, j'ai pris froid, un peu mal à la gorge, il n'y a rien de grave. J'attends Harvey d'une minute à l'autre, dès qu'il est prêt je vous l'amène.

– Il est tard, je n'arrive pas à dormir, je ne me sens pas bien du tout et Harvey ne répond pas à mes appels. Je n'aime pas ça, je vais venir voir ce qu'il se passe là-bas… Il a pu avoir un ennui de santé, avec tous ses excès…

Oh putain ! Si elle sort de l'Eden-Roc pour venir à l'hôtel du Cap, c'est la catastrophe. Ça lui prend trois minutes à pied. Elle va vite découvrir que je lui ai menti, que faire ? Ô mon Dieu, comment faire ? Il n'y a plus personne au bar de l'hôtel du Cap…

Ce gros porc d'Harvey est peut-être en train de se faire fouetter au martinet, de jouer au gros chien à quatre pattes. Affolé, je l'appelle, il ne répond pas, ce con. Je refais le numéro à plusieurs reprises, rien. Il doit être en train de baiser comme un fou, surtout s'il a pris du Viagra, ça peut s'éterniser jusqu'à 6 heures du matin.

Je m'approche du concierge pour lui expliquer la boulette, afin qu'il sache quoi répondre si elle se pointe ici. Je prie qu'elle se soit rendormie… Dans la panique, je fais de même avec le concierge de l'Eden-Roc, le grand Marc.

Un moment de frayeur intense, de panique pure, puis je me reprends ; je décide de monter à l'étage. Une porte claque dans un couloir, puis du fond de la pénombre un bruit de pas racle l'épaisse moquette. C'est Harvey qui sort d'une chambre, complètement essoufflé, transpirant comme un beignet bien gras. Apparemment maître de lui, inconscient de la situation, il me prend par le bras et descend à la voiture.

– Pourquoi tu m'as appelé autant de fois, qu'est-ce qu'il y a, bordel de merde ?

– C'est Georgina. Elle a essayé de te joindre plusieurs fois sans succès, alors elle m'a appelé pour savoir si tu te trouvais avec moi ou pas. À 5 heures du matin, souffrante et n'arrivant pas à fermer les yeux, elle m'a annoncé qu'elle allait venir ici.

Il s'emballe au quart de tour. Finis la maîtrise et le sang-froid.

– Qu'est-ce que tu lui as répondu, qu'as-tu dit ? Réponds !

– Rien, tout simplement la vérité…

– Que… quoi ? Qu'est-ce que… *Fuck off !* Qu'est-ce que tu lui as dit exactement ?

– Que t'étais occupé avec…

– Tu vas parler, oui ? Avec QUI ?

– Désolé, j'étais stressé, je lui ai dit que t'étais pris par ton business à l'hôtel du Cap avec… que je t'attendais dehors et que tu n'allais pas tarder…

– Avec QUI ?

– Je lui ai menti pour te couvrir. Je lui ai dit que t'étais avec Ben pour le remake de *Lawrence d'Arabie*, c'est toi-même qui lui as raconté ça tout à l'heure en la raccompagnant à l'Eden-Roc, t'as oublié ou quoi ? Mais quand Georgina m'a dit qu'elle venait ici, j'ai tout de suite pensé au bar de l'hôtel fermé, plus personne en terrasse, alors j'ai flippé. Tu comprends maintenant !

– Descends-moi vite à l'Eden-Roc, et donne-moi mon bouquin avec le Bédouin en couverture, *Seven Pillars of Wisdom*. Dans le coffre, dépêche-toi.

– Tiens, voilà ton livre et tes journaux du jour, j'espère qu'elle s'est recouchée, elle avait l'air pas bien du tout.

– Ferme ta gueule et rentre chez toi ! Il ne s'est rien passé, demain je te veux ici à 9 heures, compris ?

– Harvey, tu n'es pas obligé de m'insulter chaque fois que tu t'adresses à moi. J'essaie de te couvrir, et toi ? Tu ne fais rien d'autre que m'injurier, me rabaisser et m'humilier au point où des fois j'ai envie de disparaître sous terre.

– Ta gueule.

Je le dépose à l'hôtel dans un état second, la chemise froissée sort de son pantalon taché, mal retenu par les bretelles en élastique. Il est dégoulinant de transpiration acide, encore marqué par une baise sauvage, auréolé d'odeurs corporelles, l'haleine fétide.

L'accueil de Marc, le concierge de nuit, n'est pas chaleureux. Malgré la Légion d'honneur et les ovations, il est lassé des excès du monstre, fait un chut! en mettant son index sur sa bouche. Puis ajoute :

– Silence, tout le monde dort dans ce havre de paix, messieurs.

Je suis scandalisé d'être compris dans le lot. Harvey trouve l'énergie de lui envoyer son mot favori.

– *Fuck you !*

Le concierge comprend que son client est trop excité, qu'il perdra la bataille s'il s'entête.

– *OK. Good night, Mister Weinstein.*

Je rentre chez moi par le bord de mer. Il est 6 heures du matin, les vitres grandes ouvertes au vent laissent entrer un bol d'air marin qui me fouette le visage. Décompresser, oublier cette soirée honteuse, voilà tout ce que je dois faire. Espérer aussi que Myriam ne devine rien. Vivement que cette mission se termine.

23

Harvey pète les plombs

Cette année-là, Harvey avait dépassé toutes les limites, le succès avait exacerbé sa violence, son impatience, son incapacité à accepter un refus. Il s'en prenait violemment aux professionnels du cinéma, il était infect avec autrui, il raccrochait avec des insultes au téléphone. Il lui fallait de plus en plus d'orgies avec des prostituées, des faux castings nocturnes, des jeunes femmes alcoolisées, des admiratrices sans défense.

Il y avait aussi des rencontres dont la vraie nature m'échappait. Un défilé d'actrices et de productrices débutantes, de toute nationalité, convoquées dans des suites royales. J'avais assuré le retour de certaines d'entre elles, la mine déconfite, parfois en pleurs, parfois prises d'une rage indescriptible. J'ai eu l'occasion d'assister à d'acerbes disputes à la sortie de l'hôtel. Mais les menaces et les chantages se faisaient sans témoin et les femmes étaient trop peu connues pour que, bêtement, j'y attache de l'importance. Qui aurait pu penser que pour arriver à ses fins, satisfaire ses pulsions, Harvey transformait ces interlocutrices en proies muettes !

L'arrivée de Georgina enceinte du deuxième bébé aurait dû l'apaiser et le mettre en joie. Mais non, il n'était pas content de ce bonheur. Il avait eu déjà trois filles avec Eve Chilton, sa première femme, une ancienne assistante. Il allait avoir son cinquième enfant, il aurait pu être aux anges. Mais lui, il voulait la terre entière offerte, pourquoi ? Parce que la vie de famille était trop banale pour lui ? Parce qu'il s'était déshumanisé avec des succès planétaires ? Parce que le pouvoir ne va pas sans abus ? Parce que le cinéma et son monde irréel l'avaient coupé de la réalité ? Qui pourrait l'expliquer ?

23 heures, la tension nerveuse retombée, une belle soirée s'annonçait. Georgina était de la partie ce soir. Les Weinstein étaient les invités d'honneur, Brad Pitt régalait avec une grande soirée privée très classe, à l'occasion de la coproduction de Cogan : *Killing Them Softly*. Une belle *party* à la villa Saint-Georges, où tout le gotha était prévu.

J'étais installé confortablement dans mon véhicule, comme à l'accoutumée, à attendre que ça bouge pour réagir, lorsque Harvey m'envoya un message pour me demander de déplacer la voiture quelques mètres plus loin, sous un pin parasol, un endroit tranquille de la villa où personne ne s'aventurait, mis à part les voitures dont les chauffeurs somnolaient comme des momies. Je ne comprenais pas cette exigence. Un deuxième bip retentit sur mon iPhone, c'était Harvey qui voulait s'assurer que la voiture était bien à l'endroit indiqué.

Un quart d'heure passe et deux silhouettes se profilent dans mon champ de vision, celle d'Harvey apparaît en premier. Je sors de la voiture pour lui parler, il m'assure que tout va bien en me faisant signe d'ouvrir la portière à la belle créature qui le suivait de près. Il s'installe à l'arrière avec son invitée, apparemment un mannequin ou une actrice anglophone inconnue du grand public. Euphorique, éméchée, elle est aussi souriante qu'il est allumé. Je prends place au volant, pensant les déposer quelque part. Il me passe son téléphone pour le charger. Je pressens qu'il se trame une session genre séance de relaxation. L'ambiance chauffe de plus en plus. Je suis très gêné d'assister à son baratin mais j'attends un ordre. Sa femme n'est pas loin, elle pourrait le chercher, surgir, à moins que ce ne soit son assistante ou un ami à elle. Je vise le monstre dans le rétro intérieur, il n'a l'intention de se rendre nulle part ; il ne craint rien, le risque est inhérent à sa nature. Sidéré, j'aperçois leurs mouvements et j'entends leurs gémissements. Les mains de l'ogre se posent doucement sur les hanches du mannequin pour l'immobiliser, l'une se glisse à l'entrejambe, la chair de sa soumise s'électrise, ses caresses deviennent de plus en plus pressantes, sa respiration est haletante. Figé dans cette vision démente, je deviens exsangue. Il lance un rire aigu, suivi d'une phrase grondante.

– *Fuck off*, fous le camp d'ici !

L'ordre est répété d'un geste dédaigneux de la main. J'acquiesce d'une grimace résignée en m'éloignant de quelques dizaines de mètres. Je suis très inquiet. Enfin, je marche sans très bien savoir où aller. Pourvu que personne ne nous remarque, j'ai honte.

De-ci de-là, des chauffeurs pioncent dans leur guimbarde, attendant le retour de leurs clients, heureux comme des animaux. Eux au moins, ils sont au chaud. J'échoue sur un perron en bois qui donne sur un récif de la contre-allée. Les halos de lumière des lampadaires rouillés par les embruns dessinent un décor brumeux.

Un frisson me parcourt le dos. Ça fait près d'une heure que je patiente, assis au même endroit. Je ne compte plus les cigarettes grillées pour passer le temps et me réchauffer. Je rumine à propos de cette fille qui s'est enfermée avec lui dans la voiture : est-elle seulement consciente de là où elle met les pieds ? Ne sait-elle pas que son épouse est à la soirée ? Qu'il y a aussi des journalistes et des photographes ? Je ne suis pas bégueule, je sais que le Festival de Cannes est une vaste fête païenne. Est-ce une raison pour humilier les personnes ? Créer un scandale public ? Georgina se trouve à cent mètres à peine.

Il est tard, je rêve d'un bon lit, je ne sais plus très bien que penser de tout ça, moi. À la moindre réflexion de ma part, c'est la porte qui m'attend. J'ai besoin de travailler, je ferme ma gueule. Et si je l'ouvre, la clause de secret professionnel me sautera à la gorge. Quel foutoir exaspérant. D'autant plus que…

N'y tenant plus, je me lève d'un bond et fais quelques pas qui me ramènent vers la limousine pour récupérer mon smartphone laissé sur le tableau de bord. De loin, je le vois s'illuminer à travers le pare-brise, quelqu'un m'appelle, c'est sûr. Mais je ralentis, je crains d'arriver trop tôt. Au fur et à mesure que je m'approche de la voiture, des glapissements mêlés à des gémissements se font entendre. Par instants, la Maybach est agitée de soubresauts. Les vitres teintées et la buée qui les recouvre laissent à peine deviner les silhouettes contorsionnées. J'ouvre fermement la portière, pour récupérer mon portable.

On dirait que quelque chose vient troubler cette partie de baise. J'ignore ce que c'est, tout va trop vite. Le mannequin a changé d'avis, ou refuse ce que la bête exige d'elle. Elle crie, elle se débat, ses mains agrippent la vitre dégoulinante d'humidité, traçant des zébrures sur la surface. Elle se tend comme un ressort pour échapper aux griffes du fauve. Elle s'agite dans tous les sens pour se dégager. Mais rien n'arrête Harvey, qui étouffe ses plaintes en lui plaquant la bouche contre les sièges en cuir froid, ses doigts enfoncés violemment dans la chair de ses hanches. Il lui mord les fesses, déchire sa culotte, se déchaîne sur elle comme un étalon sur une jument. Dans un bref mouvement de la tête relevé, le visage de la jeune femme surgit, ses cheveux, le khôl qui coule sur ses beaux yeux verts en amande soulignés par un tatouage estompé. Une avalanche de mouvements fait à nouveau disparaître son visage gémissant. Elle cède sous le poids et les grognements du mâle en rut. Harvey est porté par son propre déchaînement, il ne pense qu'à son plaisir. Il est en train de dévorer sa proie toute crue, en direct live, il ne se rend même pas compte de mon intrusion dans l'habitacle, il est en transe.

Mais il est sûrement en train de forcer la fille, non ? Avec les bruits qui courent sur lui dans toute la ville de Cannes, il est sans doute en train de la violer. Mais l'amour physique a ses bizarreries, la jeune femme pourrait être consentante, avoir besoin de résister. Je suis très mal ; pendant cette scène, j'ai reculé, laissé la portière ouverte. Que faire ? Myriam me tuerait si elle apprenait que j'ai été le témoin passif d'un viol – et elle aurait bien raison.

J'imagine une autre situation : mon intervention musclée, moi hurlant à Harvey de lâcher le mannequin, le saisissant par le cou. Tout s'arrête. Le rire tonitruant du monstre jaillit et une voix féminine me crie dessus.

– Putain de merde, con de Français, on peut pas baiser tranquilles ?

Une nuit à Cannes, j'avais voulu séparer un couple de trentenaires qui en était venu aux mains. La femme avait reçu une grande claque dans la figure. Mais quand je m'étais interposé, elle m'avait traité de tous les noms.

Je suis exténué, stressé, je ne sais pas quoi faire. Le temps de fumer une autre cigarette, je m'éloigne… Brusquement, l'une des portières s'ouvre et la fille jaillit. Elle met une distance entre elle et la Mercedes noire. Blafarde, ses escarpins et son minisac Chanel à la main, elle tente de réajuster sa minijupe.

Un bout de dentelle tombe à ses pieds. Tout en essayant de se rhabiller, elle vocifère à l'adresse d'Harvey :

– Sale gros con ! Vieux sadique ! J'espère que tu tiendras au moins ta promesse !

Elle a refermé si violemment la portière que l'alarme de la limousine s'est mise en branle. Elle repart d'une démarche aussi aléatoire que tout à l'heure. Plus loin, quelques chauffeurs se réveillent sous l'effet du vacarme, mais détournent vite les yeux.

Parvenu à la voiture, je ramasse son string rose déchiqueté et le jette dans une poubelle. La portière s'ouvre à nouveau. Allongé sur la banquette, Harvey laisse juste dépasser sa tête. Mi-rigolard, mi-colérique, il hurle :

– Mickaël ! Ah ! Arrête-moi cette putain d'alarme !

Il s'extrait de la voiture en se laissant glisser à terre. Une fois au sol, s'appuyant sur la carrosserie, il peine à se relever, se démène comme une tortue retournée. Je me garde bien de lui venir en aide. Qu'il se démerde ! Je suis le chauffeur, pas le porte-bite de monsieur ! Harvey a pourtant réussi à se relever. La chemise largement ouverte, il remonte son pantalon et crie à la fille :

– Reviens ! Tu feras le casting, je te ferai tourner, promis !

À moitié rhabillé, il part à sa poursuite de peur que quelqu'un lui vienne en aide. Sa mallette argentée est restée entrouverte, elle est pleine de sex toys et d'accessoires de sex-shop, de boîtes translucides compartimentées avec des pastilles et des comprimés. Il a toujours prétendu qu'elle contenait ses documents officiels et ses cartes de crédit. Dire que chaque festival, cette mallette l'accompagnait dans toutes les soirées et souvent en journée, comme si le scénario du film de la décennie s'y trouvait. Mon examen continue. Une odeur de grand fauve mêlée au parfum suave du top model emplit l'arrière de la limousine. Que dire de ce capharnaüm ? Les coupes de champagne renversées cohabitent avec des mouchoirs sales, des préservatifs usagés et des traces blanches que je suppose être de cocaïne. Je commence à en avoir ma claque de ses conneries.

Un appel de Laetitia m'informe soudain que sa dispo est terminée, elle vient de déposer Georgina Chapman à l'Eden-Roc.

– Mme Weinstein se sentait faible, elle a été prise d'une crise d'angoisse, une douleur due à sa grossesse. Après l'avoir cherché, elle a préféré rentrer sans Harvey. Tout va bien de ton côté ?

Je ne mets pas Laetitia au courant de mes difficultés. Mais elle n'est dupe de rien, elle appartient au monde de la chauffe, elle connaît le surnom du Gros Porc. Comme ma femme, elle s'inquiète de la spirale vertigineuse déclenchée.

Vivement que tout le monde aille se coucher. Entre les coups de vice et le stress que provoque le monstre, je n'ai plus beaucoup d'énergie ! Mes mains ont remis un semblant d'ordre dans la voiture quand je le vois revenir. Il est en compagnie de la même jeune femme, qui a l'air plus en forme que tout à l'heure. Tout le monde semble calmé. Tandis qu'ils s'installent à l'arrière, Harvey me suggère :

– Conduis-nous à mes bureaux de production.

Puis, goguenard et libidineux, il s'adresse à la jeune fille :

– Ne t'inquiète pas, je t'ai déjà expliqué à plusieurs reprises que tout est dans les contrats types qui sont dans mes bureaux de production, à dix minutes d'ici. Le casting se fera dans les règles, sinon pas de tournage, il faut être à la hauteur de ce que le metteur en scène exige, conciliante avec le staff de mes studios. La profession me respecte, je ne suis pas un sauvage. Sois zen, d'accord ? Mickaël va nous y accompagner gaiement et nous achètera des viennoiseries pour le petit déjeuner.

Il me fait un clin d'œil dans le rétroviseur.

– N'est-ce pas, Mickaël ? Tu n'oublies pas de prendre un assortiment de petits pains au chocolat, des croissants et un peu de tout, des brioches et des chaussons aux pommes aussi.

Il est près de 6 heures du matin lorsque je rentre chez moi. L'actrice-mannequin devait être droguée. On peut penser qu'elle était plus inconsciente que consentante pour aller à cette heure si matinale passer un casting dans les bureaux du grand Weinstein.

Pourtant, le monstre respectait ses promesses. Comme les Lanister dans *Game of Thrones,* Weinstein payait toujours ses dettes avec les comédiennes. Deux années plus tard, en regardant la cérémonie des Oscars, j'ai reconnu cette actrice, entre-temps devenue l'héroïne d'un film primé, brandissant une statuette sous une pluie d'applaudissements. Ma réaction ? La stupéfaction à l'état pur.

24

Dans le broyeur

Connu à présent pour être le chauffeur habituel d'Harvey Weinstein, je voyais venir à moi toutes sortes d'individus qui ne m'auraient jamais approché ni adressé la parole auparavant. Je ne parle pas du personnel des hôtels, qui désormais me vénérait presque à l'égal de mon client, ni des bijoutiers ou des stylistes qui m'envoyaient leur carte, avec un petit mot gentil assurant à mots couverts qu'il y aurait une bonne commission. Je pense à des auteurs débutants, cherchant à placer un scénario auprès du plus grand producteur américain. Certains ne manquaient pas d'air, persuadés d'avoir écrit le chef-d'œuvre du siècle.

– Vous verrez, c'est génial ! Il va tomber raide. Il n'a jamais lu un truc pareil !

D'autres me faisaient presque pitié. À leur regard de basset battu au moment où ils me tendaient leur manuscrit, j'avais l'impression que c'était leur vie qu'ils me confiaient.

– Vous lui donnerez, hein ?

S'ils savaient… Ce n'était pas que je m'en débarrassais, au contraire, je m'arrangeais toujours pour les glisser parmi les autres scénarios qui s'amoncelaient dans le coffre. Mais pour leur amour-propre, il était préférable qu'ils ne sachent pas comment Harvey en prenait connaissance.

Bien souvent, c'était en voiture, lors d'un trajet d'un rendez-vous à un autre. Il avait la pile à côté de lui et commençait par celui du dessus. Les scénarios défilaient entre ses mains à un rythme incroyable. Il aurait fallu chronométrer le temps qu'il consacrait à chacun d'eux. En moyenne ? Je dirai une minute trente ! Naturellement, ces histoires n'étaient recommandées par personne d'important. Après quoi, invariablement, il les répandait partout dans l'habitacle de la voiture. Il en avait jusqu'aux mollets de ces scénarios déchirés. Ce n'était plus une voiture, c'était une déchèterie ambulante. Myriam devait se coltiner ce bazar, tout nettoyer pour qu'il n'y paraisse rien. Ce n'était pas simple car il exigeait qu'on passe au broyeur, installé dans le coffre, tous les documents rejetés.

Je m'exécutai. Je broyai des scénarios. Je le faisai, mais chaque fois j'éprouvai un pincement au cœur. Je me disai que dans le nombre, qui sait, il y avait peut-être réellement une pépite, le film de l'année. Surtout quand il sortait d'une séance de baise dans une soirée.

Une fois, j'ai désobéi. C'était le texte d'un gars qui s'était posté pendant plusieurs jours d'affilée à proximité des bureaux d'Harvey et de l'hôtel Majestic. Il n'avait jamais réussi à le lui donner en main propre. Je suppose que le gars avait épuisé ses économies et qu'il ne pouvait plus rester à Cannes. Alors il a fini par me le confier. *Intersection*, c'était son titre, et c'était une histoire d'amour touchante, un pavé de plusieurs centaines de pages. Harvey n'y a pas accordé plus d'importance qu'aux autres. Il l'a lu quelques minutes, puis il a voulu le déchirer. Mais il n'y est pas parvenu. Le tapuscrit a résisté. Il était épais et sa couverture était plastifiée. Celui-là, je ne sais pourquoi, je l'ai sauvé du broyeur.

25

La folie Harvey

Neuvième jour du festival.

La gourmandise est un vilain défaut, surtout lorsqu'on est équipé d'un *lap-band,* un anneau gastrique visant à restreindre le volume de nourriture assimilable, à diminuer la capacité de stockage de l'estomac.

Ce matin-là, pour une raison dont il ne m'informe pas, Harvey était à prendre avec des pincettes ! Même l'anniversaire de Naomi Campbell, prévu le soir même, ne le déridait pas. La célèbre gazelle des podiums avait franchi le cap de la quarantaine et fêtait cet événement en compagnie d'un cercle restreint d'amis prestigieux, à l'Eden-Roc : une soirée dînatoire suivie d'une *party* ultra privée. Georgina et Harvey étaient de la fête.

Désormais, je craignais même les soirées avec sa femme. Sa limousine aux vitres fumées lui permettait de la tromper en sa présence. Dès qu'il s'installait à l'arrière de la Mercedes, comme un pacha monté sur un éléphant, il se sentait immédiatement en sécurité ; il retrouvait sa puissance, ses obsessions, ses manigances, ses démons érotiques. Chez nous, dans le sud de la France, dans la cité de tous les péchés, le Cannes du festival, il pouvait se lâcher, surtout depuis qu'il avait été décoré par le président de la République. Dans ce retour régulier à la bestialité, j'avais ma part de responsabilité, et cette implication commençait à me torturer. Malgré moi, j'étais devenu un de ces secrétaires particuliers, dédiés aux basses œuvres et aux passions coupables, qu'à toutes les époques certaines grandes personnalités d'Hollywood avaient possédé. Mon penchant pour Harvey Weinstein m'avait poussé à me documenter : le rôle de chauffeur, de valet, d'homme à tout faire et de garçon de courses, dans lequel il m'avait installé, était banal chez les princes de l'image filmée. Moins banal était que je devienne le pourvoyeur involontaire et longtemps inconscient de sa criminalité sexuelle.

J'avais la naïveté de croire qu'aux États-Unis en revanche le puritanisme était de rigueur et que des peines lourdes tombaient en cas d'attouchements, de harcèlement sexuel ou de viol. L'impunité incroyable dont jouissait Harvey dans ma ville commençait à m'offenser ; j'aurais aimé qu'on le remette à sa place, qu'il soit l'objet d'avertissements et de mises en garde.

Pendant une dizaine de jours, les festivaliers et les cinéphiles, les touristes et les badauds, même les journalistes et les paparazzis, se préoccupaient plus des films ou du côté paillettes et strass que des comportements dans les coulisses ou à l'intérieur des limousines.

Oh, la belle limousine noire aux vitres fumées qui passait à vive allure, escortée parfois par des motards de la gendarmerie, exhibant la boîte noire du rêve hollywoodien, accompagnée d'ovations s'intensifiant si une vitre de la voiture s'ouvrait, devenant cris hystériques, passant devant des badauds isolés derrière les barrières de sécurité et les renforts de la police, réclamant à tue-tête des autographes, même quand la vedette n'était qu'un producteur-distributeur obèse. Le symbole se substituait à la réalité, l'apparence négligée et ingrate d'Harvey Weinstein n'avait rien à offrir à l'imagination, mais il était le signe du cinéma, l'emblème du septième art et la preuve vivante que la France était un acteur important de la machine à rêves.

À 16 heures, je le déposai au palais. Il adorait voir les films dans lesquels jouait Nicole Kidman, son amie intime. Dans *Paperboy*, elle était excellente, mais le film était trop fade pour elle. En début de soirée, nous faisions une halte aux studios L'Oréal pour récupérer Georgina, sortant d'une séance de *body relooking*. Elle s'était embellie pour la soirée d'anniversaire de sa copine Naomi. Harvey, occupé au téléphone avec David Glasser à parler d'un montage financier, l'embrassa distraitement.

Ambiance bon enfant sur la route du Cap, Georgina tenait ses deux mains en éventail pour finir de sécher des faux ongles fraîchement posés. Harvey continuait sa conversation avec David. Puis, à cause d'une remarque de son interlocuteur ou par je ne sais quelle association d'idées, il se trouva empli de l'idée qu'il allait remporter un prix important avec Tarantino, son réalisateur préféré, pour *Django Unchained*, un mélange de western et de film historique sur l'esclavage américain, avant la guerre de Sécession. Du coup, Harvey zappa la conversation téléphonique et se lança dans l'apologie des films présentés à ce festival : non seulement *Django Unchained* mais aussi *Happiness Therapy*, qui narrait les avanies d'un bipolaire. Les deux films avaient un dénouement optimiste ; Harvey leur prédisait une carrière exemplaire. À force d'autocélébrer sa production, Harvey était persuadé d'être le *winner* du palmarès ; il se projetait à la remise des récompenses, levant le poing très haut, serrant très fort le trophée irréel.

– Je l'ai eu ! Je l'ai eu !

En un instant, Georgina s'abandonna à la joie de son homme. Les yeux fixés sur lui, elle était en liesse, l'acclamant haut et fort. Contaminé par cette ambiance de victoire, je ponctuais ses exclamations de coups de klaxon. Les passants dehors croyaient voir une voiture de mariés ayant perdu son cortège.

À cent mètres devant nous, l'accès de l'hôtel du Cap-Eden-Roc avait été bloqué par les autorités municipales. Strictement réservé aux invités de Naomi Campbell. Son compagnon d'alors, avait privatisé à prix d'or l'endroit paradisiaque pour fêter les quarante ans de sa sublime dulcinée. À l'exception des résidents et des invités, personne ne pouvait pénétrer dans la zone hôtelière.

La soirée se déroulait au restaurant et autour de la piscine, un maître dans l'art de la gastronomie japonaise allait présenter son menu à base de sushis ; une performance des Black Eyed Peas était annoncée pour plus tard. D'autres surprises et de remises de cadeaux étonnants devaient avoir lieu.

À 22 heures, la soirée battait son plein, Naomi lâchait des mots ronflants, pareils à des bulles de savon irisées, pour accueillir ses invités de marque. Voletant comme une fée, elle apparaissait et disparaissait dans la soirée pour réapparaître plus loin, son ubiquité témoignant de sa toute-puissance. Les détonations du feu d'artifice explosaient soudainement, le champagne ruisselait du haut d'une immense pyramide de coupes en cristal de roche.

Le défilé des filles portant les plateaux de sushis ajoutait une touche surréaliste. Harvey n'en loupait pas une. Pris d'une fringale impérieuse, il se jetait sur les sushis sans retenue, comme un porcelet affamé. Il avait grillé énormément de protéines dans la journée, enchaînant meeting sur interview sans se reposer un instant. Peut-être aussi avait-il forcé sur les excitants ?

Harvey se transformait en une caricature d'obsédé sexuel, bougeant dans tous les sens, transpirant sans mesure. Des traînées de sueur dégoulinaient sur son front et sa chemise, des bouffées de chaleur émanaient de son corps énorme. Enfoncé dans un fauteuil immense, semblable à un gros mammifère amphibie, il se dandinait, mimant une danse, ses yeux affamés caressaient les formes pulpeuses qui passaient à sa portée, cherchaient une proie. Les femmes étaient magnifiques, pomponnées, lustrées, dévêtues, pour apparaître sous leur jour le plus irrésistible. Comment allait-il résister à toutes ces beautés ? Le niveau de ses pulsions montait en puissance, atteignait la ligne rouge au-delà de laquelle son désir devenait incontrôlable. Malheureuse celle qui se trouverait seule face à lui ce soir, je l'avais rarement vu dans un tel état.

Georgina, tout entière au bonheur de fêter sa copine, ne pouvait voir le regard dangereux de son époux. Pour l'instant, ce dernier bridait sa faim sexuelle, compensait en se lâchant sur la bouffe comme au temps des rois. Vers minuit, Georgina se fit ramener par son assistante. Prise de nausées, elle avait choisi de s'éclipser discrètement pour ne déranger personne. Surtout pas Harvey, occupé à piocher dans le buffet ambulatoire servi par de splendides créatures.

Installé sur la terrasse qui surplombait la soirée, je voyais tout. J'avais l'impression qu'il avait englouti l'équivalent d'une bonite entière de sushis. Il ressemblait à un ours dévorant les saumons qui remontent les cours d'eau. Quand, brusquement, une invitée ensorceleuse le dérouta de la bouffe. Excusez du cliché, mais ses yeux brûlaient littéralement la peau. J'aperçus mon Harvey en grande conversation dans un petit groupe, jusqu'au moment où la belle créature s'éloigna dans la pénombre du parc et disparut au milieu des pins parasols. Après avoir jeté un œil à droite et à gauche, vérifiant que Georgina était déjà rentrée, Harvey lui emboîta le pas dans les allées taillées au cordeau. Il trottinait comme il pouvait, tout son corps dodelinant à la manière d'un culbuto.

Une demi-heure plus tard, je le revis sortir des pins, tout dépenaillé, essayant de remettre de l'ordre dans sa tenue, la braguette ouverte. Alors qu'il revenait vers moi pour obtenir une batterie neuve de BlackBerry, je lui fis remarquer sa braguette, mais il haussa les épaules et se dirigea vers le buffet où il alla se servir encore et encore. Après l'effort, le réconfort.

Vers deux heures du matin, l'Eden-Roc se trouva soudainement pris de panique, les concierges couraient dans tous les sens, inquiets et affairés ; l'un d'entre eux se précipita vers moi.

– Mickaël, prépare ta voiture, si le Samu n'arrive pas à temps, tu connais l'hôpital de l'Archet à Nice ? Il va falloir que tu le montes là-bas en urgence !

– Oui, je vois où se trouve l'hôpital de l'Archet, pour monter qui ? Qu'est-ce qu'il se passe ?

– Tu ne sais pas ? Harvey a eu un malaise, il est tombé à la renverse devant le buffet. On lui a fait du bouche-à-bouche, mais rien à faire, il suffoque.

– Il doit être pris en charge ! Le transporter dans cet état, tu n'y penses pas ! Appelez le Samu ou les pompiers, je n'ai pas le matériel médical d'une ambulance… Appelez sa femme, il a un anneau gastrique.

– Mickaël, tu es fou ! Elle est en enceinte ! Elle risque de faire une fausse couche avec pareille nouvelle.

Le chef concierge, qui avait lancé un véritable appel au secours pour Harvey, avait finalement réussi à contacter un chirurgien urgentiste qui se trouvait dans les parages du Cap d'Antibes.

Le chirurgien intervint assez rapidement à l'Eden-Roc. Harvey avait été transporté et mis en position PLS par un agent de la sécurité. Son anneau gastrique lui jouait des tours suite à ses excès de sushis. Heureusement, l'anneau en silicone, installé autour de la partie supérieure de l'estomac, était ajustable. Un resserrage et un desserrage étaient possibles via un tube en plastique relié à un dispositif placé sous la peau. Une chance inouïe que le chirurgien urgentiste ait été disponible à cette heure de la nuit, non loin de l'hôtel. Harvey avait été sauvé *in extremis*, il avait frôlé une hémorragie interne ! Il revenait de loin le monstre sacré d'Hollywood. Il remercia chaleureusement le médecin et l'équipe des concierges.

Mais, au lieu de rejoindre tranquillement son épouse enceinte dans son lit, il tint à poursuivre la soirée. Indécrottable ou fanfaron ? Inconscient ou signataire d'un pacte avec le Diable ? La folie d'Harvey me désarçonnait.

Il était 5 heures du matin quand je rentrai chez moi, complètement dépassé par les événements. Mais la véritable surprise, là où mon admiration devait le disputer à la condamnation morale, eut lieu le lendemain.

Quand le glamour se mêle à la charité, la rencontre donne l'amfAR, c'était le gala dont Harvey avait la charge ce soir-là.

Au matin, il affichait une mine défaite, le revers de l'accident gastrique de la veille. Jusqu'à bouder le petit déjeuner de l'Eden-Roc qu'il quittait habituellement en super forme, rechargé à bloc, avec des miettes de croissant collées à sa barbe de trois jours, des taches de café marquant son tee-shirt blanc et le journal USA Today décoré de l'empreinte de ses doigts gras. Il préféra se satisfaire d'un quart Perrier au citron, servi bien froid dans sa limousine. Le gala de l'amfAR est une lourde charge. Il devait superviser la bonne marche du défilé de robes et booster les enchères au maximum. Sharon Stone était la grande absente de la manifestation, en raison d'exigences trop coûteuses pour l'association, selon Harvey. Depuis le matin, le visage pâle, il était méthodique et mesuré dans ses gestes, il avait dû avoir la trouille. Une question le taraudait, allait-il pouvoir assurer le gala jusqu'au bout ?

Nous démarrons en direction de Cannes, où il rejoint les bureaux de sa production. Dix minutes plus tard il ressort avec Priscilla, des documents sous le bras. Je les dépose au Majestic. Le temps pour Harvey de donner ses directives en un rapide briefing avec David Glasser, Emily et Alison dans le hall de l'hôtel.

D'un pas pressé, il se rendit à pied au palais avec Priscilla, pour assister à deux projections successives. La première, *Amour*, par Michael Haneke, le film qui aura raison des espoirs d'Harvey ; puis *La Part des anges*, une comédie dramatique de Ken Loach.

Il est 20 heures, on quitte le festival le plus médiatisé au monde. En marge de ce dernier, d'autres événements offrent une concentration dingue de célébrités au mètre carré, des soirées ultra-privées, des déjeuners qui l'étaient encore plus et des backstages fabuleusement fashion. Comme chaque année, la crème des stars participant au Festival de Cannes avait répondu présent au gala de l'amfAR, la fondation initiée par Elizabeth Taylor pour aider à la recherche contre le sida.

Alors que je suis en stand-by à l'Eden-Roc, un rire tonitruant me fait sursauter. Le sorcier en smoking et nœud pap, revigoré, parlant fort, a retrouvé des couleurs, c'est le jour et la nuit.

Ça y est, Harvey a enfilé son costume de bienfaiteur. Avec une aisance déconcertante, il arbore sa Légion d'honneur et donne le bras à une Georgina resplendissante. Et hop, un pas en arrière pour arranger la traîne de la robe griffée Marchesa de son épouse. Il est aux petits soins, très amoureux, il l'est encore. Le duo Harvey-Georgina joue au couple le plus glamour de l'amfAR. Leur entrée sur l'estrade devant le mur du photocall dure une éternité, les photographes se les arrachent.

Sharon Stone n'assurant plus désormais la présentation de la soirée, différentes stars se relaient sur scène afin de faire monter les enchères. Parmi eux on remarque au micro : Karl Lagerfeld, Janet Jackson, Antonio Banderas, Bérénice Bejo et Michel Hazanavicius, Paris Hilton, Kirsten Dunst, Diane Kruger ou encore Kylie Minogue. Au final, dix millions d'euros sont collectés.

Une fois de plus, cette force de la nature me stupéfie ; je parierais cher qu'il n'a pas raconté à sa femme son accident gastrique de la veille, passant la consigne de ne pas l'inquiéter.

Harvey est un hôte hors norme, qui sait recevoir les vedettes venues exhiber leurs robes comme les riches philanthropes venus débourser. La soirée terminée, il me donne congé et rentre avec sa femme.

26

Viva Italia

10 heures, Harvey s'engouffre dans le Palais des festivals pour dévorer trois projections, les dernières avant le palmarès du jury présidé par Nanni Moretti. En matière de film aussi, il est insatiable, il veut tout connaître des films récents, ne pas rater le petit film rare, le chef-d'œuvre inconnu, la pépite ! Le cinéma étant une « économie de casino », des fortunes se sont bâties sur de pareilles rencontres de hasard, m'a-t-il expliqué un jour.

11 heures, première projection : *Sur la route*, du Brésilien Walter Salles, qui présente en compétition l'adaptation du roman culte de Jack Kerouac.

12 h 30 : je pique du nez dans ma voiture garée devant le Majestic quand je me réveille en sursaut. Priscilla tambourine à la vitre comme une excitée. Mes paupières ont du mal à se décoller, j'abaisse ma vitre.

– Tu ne réponds plus, ça fait cinq minutes que je t'appelle. Harvey te veut à la sortie des artistes, il faut que tu l'amènes au Bâoli Beach, c'est pas dans le programme ! Il est attendu pour un brunch, vas-y vite, il t'attend et tu le ramènes pour la séance de 14 h 30 !

Un regard sur le tableau de bord confirme. Le dragon va pousser des cris, c'est certain.

– OK ! Désolé, mon portable s'est déchargé. À tout à l'heure, j'y vais.

Effectivement Harvey est aux taquets, impatient de m'engueuler, mais il doit se retenir. Une ravissante jeune femme brune à l'accent italien l'accompagne. Ils prennent place à l'arrière, le regard d'Harvey à mon intention est glacial. Sa drague cinématographique est en marche. Il déballe son speech habituel sur les essais, le casting, le contrat… Je démarre pour vite les déposer au Bâoli comme prévu avec Priscilla. Trois-quarts d'heure plus tard les voilà ressortis, ils reprennent place à l'arrière. La fille s'appelle Valentina. Avec un sourire ravageur, elle m'indique la destination du Palais où je les ai récupérés. Harvey ne m'adresse pas un mot, son regard traîne au-dessus de la poitrine de l'Italienne, il la dévore des yeux.

Retour au palais pour une autre séance. 14 h 30, deuxième projection : *Cosmopolis,* un drame réalisé par David Cronenberg d'après le roman de Don DeLillo.

17 h 30, troisième projection : *Mud, sur les rives du Mississippi,* un autre drame américain.

19 heures, je suis toujours en stand-by dans ma voiture, près du palais, lorsque soudain je vois le monstre qui me toise de son regard en coin. Il rentre à son hôtel à pied, sans me dire un mot. Jusqu'au Majestic, il n'y a que la Croisette à traverser. La jeune Italienne de tout à l'heure lui emboîte le pas, mais reste à une courte distance. Pas la peine de me faire un dessin, il va se détendre après une journée chargée. Il entretient son « moral ».

D'autant plus que ce soir, il a une obligation. Priscilla m'a annoncé un dîner en famille, organisé chez Felix, sur la Croisette. C'est l'anniversaire de leur mariage. Les parents Chapman, le couple *so british,* sont de la fête, nous devons les rejoindre vers 21 heures lorsque M. Weinstein sera prêt, frais et dispo, sorti de sa séance italienne.

Le dîner se termine en beauté vers une heure du matin. Nous quittons les parents de Georgina pour rentrer au Cap. Harvey est aux anges, il ne me cherche pas des noises du regard, comme ces temps derniers. Il consulte sa messagerie, je soupçonne qu'il attend un message de Valentina. Ressentant un léger malaise, Georgina s'est endormie à mi-chemin. Je lui remets ses journaux du jour en les déposant gaiement chez le grand Marc, le concierge de nuit, qui veille à ouvrir les portières de la limousine pour les accueillir à l'Eden-Roc. Tout le personnel est au courant de l'état de Georgina, elle est gâtée comme une reine.

Il est 2 h 30, je rentre chez moi. Je ne le sais pas encore, mais l'histoire de Valentina ne fait que commencer.

Le festival s'achève dans la polémique. La Palme d'or revient à Michael Haneke pour *Amour*. Cependant, la décision du jury cannois est entachée de rumeurs. On soupçonne Nanni Moretti de copinage et de conflit d'intérêts. En 2004, Quentin Tarantino avait suscité les mêmes commentaires, en offrant la Palme d'or à *Fahrenheit 9/11* de Michael Moore, alors que tous les deux travaillaient avec le même producteur, Harvey.

MIPCOM, le marché international de l'audiovisuel, lundi 8 octobre 2012.

Je reçois un e-mail des bureaux de la Weinstein Company de New York : Priscilla me confirme qu'Harvey est attendu à Cannes pour le MIPCOM qui va avoir lieu au Palais des festivals du 8 au 11 octobre. En faisant le *check-in* pour son boss, elle veut s'assurer que je suis bien disponible pour le conduire durant ce marché où se vendent des programmes télé du monde entier. Elle me répète aussi qu'il serait souhaitable de lui préparer des affaires personnelles à bord de sa voiture et de lui acheter une trousse de toilette complète : déodorant, dentifrice, brosse à dents soft, coupe-ongles, rasoir, brosse à ongles, bain de bouche, nettoyant visage, lait hydratant, crème pour les yeux, peigne pour cheveux, crème solaire, lotion après-soleil.

Elle ajoute qu'elle ne sera pas de la partie ; cette fois, il vient tout seul avec David Glasser. Il arrivera le mardi 9 octobre vers 15 heures sur un vol privé FBO à l'aéroport de Cannes-Mandelieu. Elle ne manquera pas de m'envoyer son planning dès que possible.

Mardi 9 octobre 2012, 10 heures, la trousse de toilette préparée avec soin, je reviens à mon bureau récupérer les effets personnels à mettre dans sa voiture. À l'heure du déjeuner, quand je rentre chez moi. Le planning d'Harvey au MIPCOM est déjà imprimé par Myriam ; je le consulte pour élaborer le plan de conduite, en sachant que le planning professionnel peut évoluer en fonction des desiderata de monsieur. Notre conversation lors du repas porte essentiellement sur la venue du nabab. Nous sommes tous les deux surpris de sa présence au marché international du petit écran, c'est bien la première fois qu'il y est attendu.

À 15 h 10, à l'aéroport de Cannes-Mandelieu, Harvey sort du terminal escorté par deux stewards de la compagnie. Derrière une paroi vitrée, je le vois passer la police des frontières, il me fait penser à Burt Lancaster dans ses jours de méchant, l'air agacé et grognon, une moue grincheuse, son passeport et son BlackBerry à la main. Quand nous nous voyons, il reste silencieux, se contente de ranger ses papiers dans la poche intérieure de sa veste. Je le soulage de sa besace et de sa belle mallette en aluminium toute neuve, et note qu'il arbore avec fierté la rosace de la Légion d'honneur, piquée sur la milanaise du revers de son veston. Installé confortablement dans la limousine, il prend un Coca. Cette fois-ci monsieur est bien élevé, il ne rote pas les bulles comme un adolescent. Il feuillette les journaux, en même temps qu'il consulte sa messagerie.

Avant d'arriver à Cannes, il passe des coups fil à trois personnes, dont David Glasser pour s'assurer qu'il est déjà sur place pour honorer le premier rendez-vous avec Thierry Frémaux. Il assure dans la foulée le second meeting de 16 heures avec l'actrice Sarah Wright, au 3e étage, stand G3.16, pendant qu'il arrive tranquillement à son hôtel favori, le Majestic. Il prend le temps de préparer le speech qu'il va donner lors d'une conférence au grand auditorium du Palais des festivals, sur l'éventuelle production d'une cérémonie récompensant les danseurs.

À 17 h 30, je conduis Harvey au Palais des festivals. En chemin il récite son texte par cœur. Il va d'abord rencontrer le président de Reed Midem S.A., Paul Zilk, pour s'entretenir avec lui de l'idée d'une nouvelle cérémonie World Dance Award, qu'il produirait en association avec le danseur chorégraphe américain Michael Flateley. Tout comme les oscars ou les Grammy, le World Dance Award pourrait se dérouler en avril ou mai, tout en promettant aussi de donner au marché international des contenus audiovisuels.

À 17 h 45, il poursuit son meeting avec Michael Flateley, pour l'introduction de la modératrice Kate Bulkley, qui présentera en avant-première le thème principal juste avant son discours au grand auditorium à 18 heures. Son speech est apprécié par le comité de la direction générale de l'audiovisuel au marché international du MIPCOM.

Le discours dure un quart d'heure montre en main, meeting terminé. Il file au MIPCOM 3D VIP party, que Paul

Berrow le producteur organise sur son yacht Midnight Rose, localisé sur la jetée Albert-Édouard.

À 18 h 30, il saute dans la voiture pour se rendre au WME MIPCOM cocktail Opening Party qui se tient au Carlton.

À 19 h 30, on revient au Majestic. Il enchaîne, à un rythme cadencé, sur un autre meeting avec Bruce Rosenblum nommé président de Warner Bros TV Group.

20 heures, un grand dîner est organisé par David Glasser au restaurant Ma Petite Maison, au Majestic. Le repas se termine très tard, Harvey est fracassé, à minuit, il rentre se coucher. Juste avant, il me briefe sur le *pick-up* pour le lendemain à l'aéroport de Nice, à 17 h 10, de miss Valentina, une actrice italienne, qu'il faudra expressément transporter au Majestic.

Mercredi 10 octobre, 17 h 15, l'accueil de miss Valentina à l'aéroport s'est passé de la façon la plus courtoise et la plus rapide possible, à l'instar de cette ravissante présentatrice et actrice italienne au charme irrésistible, qui me saute au cou pour m'embrasser en me disant :

– Ça va depuis le festival ?

– Oui, je te remercie, quel plaisir !

J'avais complètement oublié que je l'avais transportée du palais au Bâoli Beach avec Harvey, avant qu'elle ne lui emboîte le pas pour le rejoindre dans sa suite du Majestic.

À 22 heures, après la conférence sur la future cérémonie World Dance Award au MIPCOM, Harvey s'affiche avec l'élégante actrice connue pour une série télévisée. Valentina passe inaperçue, elle n'est pas connue à Hollywood ni dans son jardin secret, l'hôtel Majestic où il loue la même suite royale depuis des décennies.

Le grand seigneur d'Hollywood s'autorise une tournée des grands-ducs pour charmer son invitée, d'abord à l'Eden-Roc, ce lieu paradisiaque, le temps d'un apéro au champagne, puis il improvisera un dîner en amoureux chez Michelangelo, son restaurant italien préféré du vieil Antibes, l'endroit incontournable où se pressent le milieu hollywoodien comme les stars du cinéma européen.

Sur la Côte d'Azur au mois d'octobre, c'est l'arrière-saison, les journées sont ensoleillées et les soirées fraîches. Pour se réchauffer rien de mieux que les succulentes pizzas au caviar cuites au feu de bois, ou à défaut, durant l'automne, une pizza aux truffes noires ou blanches d'Alba.

Harvey est un homme transformé ce soir, il joue le rôle du séducteur, le charmeur. Après le dîner, il fait visiter le restaurant à Valentina en lui montrant les photos de stars passées par là, dont bien évidemment la sienne. Des centaines de photos placardent les murs, où Mamo, le cuisinier le plus célèbre de la côte, figure en compagnie d'une star de cinéma. La photo d'Harvey y est aussi.

Minuit, nous rentrons à Cannes par le bord de mer. Harvey est excité, il me suggère de m'arrêter au Majestic, où ils quittent la voiture pour monter dans sa suite royale après des préliminaires interminables sur la banquette arrière. Il me fait signe d'attendre.

Il est une 1 h 30, Priscilla me téléphone pour m'annoncer :

– Harvey veut que tu ramènes Valentina à Milan ce soir !

Pourquoi ne l'a-t-il pas demandé lui-même ?

– Ah bon, on va à Milan ce soir, comme ça maintenant, en fin de soirée…

– Elle a une réunion très importante à 8 heures demain matin à Milan et pas de vol cette nuit. Vous partez en voiture d'un moment à l'autre.

Je suis furieux, mais refuser c'est perdre Harvey.

– OK, ça marche ! Je l'attends.

2 h 15, Harvey m'appelle pour me confirmer le départ de Valentina pour Milan. Il veut que je lui agence un gros coussin et une couverture pour qu'elle soit confortablement installée pour dormir le long du trajet. Valentina sort la première de l'hôtel, elle me tend son énorme sac de voyage noir que j'installe dans le coffre, prend place dans la voiture, la mine défraîchie, brusquement très fatiguée avec une envie de s'assoupir.

Au moment où je vais démarrer pour prendre la route, Valentina me dit d'attendre. Harvey vient avec nous ! Non, elle ne déconne pas, le voilà qui arrive, je lui ouvre la portière, puis je lui demande si réellement il vient avec nous jusqu'à Milan. Je ne l'aurais peut-être pas supporté... Remarquant que j'ai oublié d'installer un coussin et une couverture à l'arrière de la voiture, il entre dans une colère terrible et se met à me hurler dessus.

– Comment oses-tu oublier ?

– Je suis fatigué...

Il ne me laisse pas le temps de répondre, il feint de me gifler, amortit le coup sur ma joue d'une petite claque et me lance :

– *Get in the car ! I'll do it myself*[22] *!*

En portant ma main à ma joue, le regard nerveux, je lui demande comment il peut lever la main sur moi. Sommes-nous revenus au temps de l'esclavage ? C'est bien la première fois depuis que je le conduis qu'il tente un tel geste. En public, devant le Majestic et sous les caméras. S'il vient avec nous à Milan, ça va mal se passer. Je commence à appréhender ce

22. En voiture, je vais le faire moi-même !

voyage de cauchemar, cet aller-retour Cannes-Milan avec le monstre tapi à l'arrière. C'est une situation explosive.

Il ne me répond pas et s'engouffre dans le hall de l'hôtel. Quelques minutes plus tard, les bras chargés d'un énorme coussin en plumes d'oie et d'une couverture en mohair soyeuse, il revient et installe une couche de luxe pour sa protégée avant de s'installer à côté d'elle.

À 2 h 30, sur les nerfs, je démarre en espérant qu'il va bientôt descendre. Valentina s'est déjà immergée sous la couverture, la tête enfoncée dans le coussin. De son côté, Harvey égrène plusieurs hôtels, avant de se fixer sur l'un d'eux.

– Arrête-toi à Nice, au Negresco.

Je l'entends converser avec ses assistants de New York, il leur passe une commande de café et de Coca-Cola à servir au bar du Negresco où je vais m'arrêter.

À 3 heures du matin, je suis garé devant le Negresco. Harvey me suggère d'aller chercher les boissons qu'il a commandées, notamment des cafés au lait que je dois boire avant de reprendre la route pour Milan. C'est son idée, le café au lait comme rempart contre le sommeil sur l'autoroute. Alors qu'il entame une série de bisous d'amour à Valentina, je sors de la voiture. Un groom arrive un plateau à la main, chargée de boissons et de café.

Harvey sort du véhicule en tee-shirt, dit au revoir à Valentina, me demande un taxi pour revenir au Majestic, mais avant, devant mon refus des cafés au lait, il me force à boire trois cafés serrés l'un après l'autre.

Je ne sais pas comment, subitement, il est pris d'une émotion profonde pour cette jeune actrice qui dort à poings fermés. Avant que je démarre, il me dit :

– *Take care of her !* Tu dois la protéger. Je l'aime, cette fille.
– OK. Je ferai de mon mieux.

J'ai bien compris cette fois que l'actrice l'a si bien envoûté qu'il en oublie sa veste dans la voiture et ne sait plus où donner de la tête…

– Je t'envoie un chauffeur pour ton départ à 9 heures du Majestic, car je ne serai pas rentré si tôt.

– OK. Appelez-moi quand vous arrivez à Milan, bonne route.

Le chasseur du Negresco installe Harvey dans un taxi, direction le Majestic ; et moi je file sur l'autoroute direction Milan avec Valentina grelottante à l'arrière. Je mets le chauffage en route pour la réconforter dans son sommeil. Sur l'autoroute déserte à cette heure-ci, je passe la frontière française pour bifurquer sur Milan. À mi-chemin, j'aperçois dans le rétro Valentina qui lève la tête pour me dire :

– J'ai rendez-vous à 8 h 30 à Milan, c'est cool, si tout va bien, on arrivera à l'aube. Je suis contente Mickaël, sans toi, je n'aurais pas pu y être. Harvey m'a fait louper mon vol d'hier soir, pour un casting qui n'en finissait pas ! Il fallait que je rentre chez moi dans la nuit, trop génial ce Harvey, il trouve des solutions à tout, il m'a rassurée quand il m'a dit « ne t'inquiète pas, je mets ma limousine à ta disposition et Mickaël se fera un plaisir de t'accompagner. Je te promets que dans moins de quatre heures tu seras arrivée chez toi ».

Elle s'allonge plus confortablement sur la banquette arrière, puis se rendort en boule sous la couverture en mohair du Majestic. Qu'a fait de si spectaculaire cette Sicilienne pour que Harvey veuille la dorloter et l'emballe dans une couverture pour son retour à Milan ? Je ne l'ai jamais vu bichonner ses maîtresses d'un soir.

7 heures du matin, le jour se lève dans un ciel de cristal sur une autoroute en ligne droite qui débouche sur la ville de Milan. Je lève le pied, nous sommes dans l'agglomération milanaise, mais il me manque son adresse. Je dois la réveiller pour mettre ses coordonnées dans le GPS.

Au coin d'une ruelle, vingt minutes plus tard, la limousine s'arrête. Valentina ouvre les yeux, se redresse sur la banquette. Je lui remets son énorme sac Longchamp dans lequel elle récupère son trousseau de clés.

– C'est là que j'habite, me fait-elle en me montrant du doigt son immeuble avant de me saluer d'une main chaleureuse, de tourner les talons et de m'abandonner sur place.

À 8 heures, je file dans une station-service pour faire le plein, boire un double express et mettre le cap sur Cannes. Sur la route du retour, j'envoie un message pour informer Harvey de notre arrivée et lui confirmer le nom de son chauffeur, sa voiture pour son *pick-up* au Majestic à 9 heures.

Quatre heures plus tard, Cannes. Je suis excité par les cafés ingurgités toute la nuit. Je fais un tour au Majestic, histoire de vérifier la situation. Je m'aperçois que la voiture d'Harvey est encore là, je me dirige vers son chauffeur en stand-by, je lui confie la veste qu'Harvey a oubliée la veille dans ma voiture.

David Glasser est attendu par un autre chauffeur que je connais, nos regards se croisent à sa sortie de l'hôtel. D'une accolade, il me salue avant de quitter la Croisette.

Il est midi passé, je n'attends pas Harvey, toujours en retard, même si j'aurais souhaité lui parler face à face de cette main levée sur moi la veille. Son chauffeur l'attend depuis 9 h 30. Je rentre me coucher, je tombe de fatigue.

C'est ainsi que se termina pour moi la mission du MIPCOM. C'était la première fois, en cinq ans, qu'Harvey avait usé de brutalité à mon égard. Il avait feint cette violence physique, elle n'était pas réelle. Pourtant son geste déclencha en moi… comment le décrire… une sorte d'affaissement intérieur ! Tout foutait le camp ! Étrange réaction, il avait été grossier, bestial et parfois cruel envers moi, ces attitudes négatives n'avaient rien déclenché. Un coup presque irréel, artificiel, théâtral, me minait, m'éviscérait, me détruisait de l'intérieur. Ce moment n'était que le début de ma mélancolie, quelque chose d'infime ; mais ce fut bien là que tout commença.

Par pudeur, j'évitai de raconter à Myriam ce qui s'était passé.

27

Gatsby le maléfique

Malgré nos relations tendues – un chauffeur qu'il sentait rétif à ses ordres, qui discutait son comportement, n'acceptait pas des gestes déplacés –, Weinstein me garda, et l'année suivante Clara se manifesta le jeudi 9 mai 2013, au nom de la TWC, pour me confirmer la venue d'Harvey. Il avait besoin de mes services limousine jusqu'au 26 mai. Pourquoi confirmai-je à Clara ma disponibilité, malgré ma honte, ma peine et la confusion intérieure qu'avait causées son attitude envers moi ? Si j'avais été sincère avec Myriam, nul doute qu'elle aurait usé de tout son ascendant sur moi pour rompre mon contrat avec la Weinstein Company – et qu'elle y serait arrivée.

Notre situation conjugale était devenue explosive. Nous étions si près de la rupture pendant chaque Festival de Cannes que j'avais fini par lui dévoiler le comportement cyclothymique du monstre, le mélange incessant de chaud et de froid qu'il soufflait sur moi. Comment il m'encensait en public, me donnant du champion du monde des chauffeurs, pour un quart d'heure plus tard me ridiculiser devant tout un chacun, m'appelant le Pakistanais ou le voyeur, décrivant et aggravant des bourdes commises par l'incompétence de son équipe new-yorkaise, se moquant de mon accent quand je parlais anglais, et tant d'autres choses humiliantes.

Les algériens comme moi, ceux qui ont grandi en France et sont francophones jusqu'aux bouts des ongles, plus francophiles que le Français d'origine, plus amoureux de la nation française que les royalistes, ont été éduqués selon les principes d'une culture de l'honneur. Notre capital, notre richesse, c'est notre image sociale ou publique, l'attitude des autres envers nous ; cette image est plus précieuse que notre compte en banque, nous la choyons et la protégeons comme un rejeton. Y toucher, attenter à son intégrité, c'est poignarder notre corps, nous démembrer, nous laisser agonisant au sol. Le Gaulois, le Français de souche méconnaît trop souvent cette particularité culturelle, partagée avec les Maghrébins et les Moyen-Orientaux. C'est le point faible, le talon d'Achille de la « culture bougnoule », car il rend épidermique, susceptible, vindicatif dans un Occident ironique et facilement autodépréciateur. Mon épouse n'ignorait rien de cette faiblesse, c'est même elle qui m'avait permis de mettre des mots sur la réaction disproportionnée que je pouvais avoir devant une plaisanterie personnelle. En bon médecin de l'âme, elle m'avait enseigné quelques trucs pour y remédier, pour faire baisser le niveau de mon agressivité quand elle grimpait au plafond.

Combien me coûta cette révélation de l'attitude contradictoire de Weinstein ? Comment ma femme l'obtint et à la suite de quel guet-apens ? La résistance que je mis à cet aveu et la fuite engagée pour tenter d'y échapper ? Ce serait trop long à raconter. Le fait est que ma femme apprit tout et qu'une longue discussion s'ensuivit pour savoir si ce contrat méritait autant d'efforts et de désagréments. Elle me pressa de questions de toutes sortes pour tenter de le conserver sans m'exposer.

Malheureusement, la violence verbale et physique de M. Weinstein était fort connue dans le milieu de la chauffe. Entre sociétés de location de limousines, il nous arrivait fréquemment de recourir à des confrères, de nous rendre mutuellement service, dans les moments où nos plannings étaient surchargés de travail. J'avais donc fait appel à des collègues comme Louma Limousine et d'autres pour assurer des transferts ou des mises à disposition pour Weinstein, son équipe et sa famille. Tout allait bien tant qu'il ne s'agissait pas de Weinstein lui-même ; Laetitia avait ainsi acquis le statut de chauffeur personnel de Georgina pendant la durée du festival. Mais plus personne n'acceptait Harvey Weinstein en voiture. Des récits circulaient sur son compte, tous les mêmes, racontant la même histoire. Harvey Weinstein entrait dans le véhicule agité ou en pleine querelle avec des collaborateurs, déchargeait son mécontentement sur l'habitacle ou la carrosserie de la voiture, abîmait un accessoire ou la peinture de la limousine ; et quand le chauffeur inquiet arrêtait son automobile pour une explication, Harvey l'insultait et le menaçait. Fort de son bon droit, le conducteur le débarquait avec des bagages, au milieu d'une départementale ou sur l'autoroute, à une distance considérable de l'aéroport ou de sa destination. Plus grave encore, des ragots prétendaient que des chauffeurs qui s'étaient pliés à ses caprices, dans les années quatre-vingt-dix, du temps de Miramax, avaient fini comme punching-balls du producteur. Weinstein s'en servait comme sac de frappe pour calmer sa hargne chronique. Quand ils avaient transgressé le « code Weinstein », il les faisait se mettre à genoux sur le gravier d'un parking désert, racontait-on, et les giflait à répétition avec ses grosses paluches d'obèse.

Sous l'influence de ces rumeurs, souvent exagérées ou fabulées, les chauffeurs avec lesquels je travaillais refusaient tout net de conduire Harvey, et comme par hasard ce dernier les trouvait incompétents. Cette situation nécessitait ma présence au volant avec lui. Quand sa personne était l'objet de la négociation, je n'arrivais pas à partager mon contrat avec d'autres conducteurs. La prise en charge du titan passait impérativement par moi.

En dévoilant le comportement d'Harvey à mon épouse, j'avais réveillé en elle la femelle qui défend son territoire et son clan. Elle était scandalisée, horrifiée, rageuse, vindicative, menaçante. À ce moment-là, sa réaction se limitait à écumer Internet et la documentation disponible pour en savoir davantage sur le profil psychologique de mon triste sire. Mais ce n'était que sa mise en train, je le savais, elle allait me pousser à agir, à le quitter, à le dénoncer aux médias ou que sais-je. Nos finances ne justifiaient plus ma complicité passive, je pouvais trouver d'autres clients, vu l'aura professionnelle que m'avait procurée la conduite du monstre.

Mais ce n'était pas si simple. Dès l'instant où je dirais à Weinstein que je le quittais, il mettrait en route sa kalach à diffamation et me coulerait dans le milieu restreint des vedettes de cinéma utilisant un chauffeur à plein temps. Il connaissait le gotha du cinéma mondial et pouvait facilement accéder aux personnes qu'il ne connaissait pas. Même si toutes les stars ne l'aimaient pas, et même si certains l'avaient menacé physiquement, son avis faisait autorité, son professionnalisme était parole d'évangile. Qui aurait-on cru ? Le chauffeur qui clamait son savoir-faire et la qualité de sa prestation ; ou Harvey Weinstein feignant d'être très déçu par ce même chauffeur qu'il avait gardé plusieurs années par charité, à qui il avait si souvent sauvé la mise en matière de compétence ? Il agissait exactement de la même façon avec les actrices qui se refusaient à lui ; avec les réalisateurs qui récusaient son *final cut*, qui refusaient sa volonté d'élaborer sa propre version du film.

Le Festival du film 2013 fut l'occasion d'une querelle gigantesque, à propos de l'histoire que devait exposer le film sur Grace de Monaco. Cette dispute se déroulait en parallèle du débat intérieur qui m'agitait, des efforts surhumains que je faisais pour reprendre le contrôle de mes finances et de mon existence.

Mais reprenons par le menu.

Premier jour du festival 2013. C'est Jimmy qui avait pris le relais au bureau de New York, en alternance avec Hannah et Clara. Le 15 mai à 15 heures, je reçus le plan du vol d'Apollo Jets Flight, la compagnie qui prenait en charge Harvey et ses deux nouvelles assistantes, Colleen, une blonde tape-à-l'œil aux yeux bleus, bien élancée, et Maud une brune aux sublimes yeux verts semblables à ceux d'une chatte qui ne va pas tarder à griffer les Mickey Mouse. Les deux assistantes n'avaient jamais mis les pieds à Cannes, ça promettait d'être un joyeux séjour cinéphile.

À 19 h 30, le Hawker 800 du parrain du 7e art atterrissait sur la petite piste de l'aéroport de Cannes-Mandelieu, sa limousine l'attendait, pour honorer la 66e édition du Festival de Cannes, dont le jury était présidé par Steven Spielberg. La maîtresse de cérémonie était Audrey Tautou.

Le visage bouffi, le crâne clairsemé de taches d'alopécie, le regard méchant et le pas chancelant, tiré à quatre épingles dans un smoking sombre, Harvey n'avait rien d'un Gatsby. Et, malgré tout, il arriva juste à temps pour visionner *The Great Gatsby*, le film d'ouverture, adapté du roman de Fitzgerald. Avant de mettre le pied sur le tapis rouge pour gravir les marches du Temple, Harvey s'était fait épingler son nœud papillon par Colleen, pendant que Maud s'affairait à lui fixer sa Légion d'honneur.

Dans un flash-back imaginaire, Harvey me faisait alors penser aux anciens gangsters sévissant à Hollywood des années vingt aux années quarante, à l'image de Willie Bioff et de George Brown. Via les syndicats qu'ils maîtrisaient avec leurs gros bras, ces *mafiosi* utilisaient le chantage à la grève et au bien-être des travailleurs pour extorquer des sommes folles aux studios. Pour les faire tomber, il fallut beaucoup de temps et une campagne de presse agressive des médias conservateurs. Harvey possédait leur toute-puissance, leur langage de voyou et l'arme du chantage économique. Depuis les années quatre-vingt-dix, il est devenu un « parrain » d'Hollywood ; il tient l'industrie du cinéma par les couilles. Politiquement parlant, il fréquente les élus du peuple américain ; il a ses entrées à la Maison-Blanche ; sa proximité avec les Clinton et les Obama est de notoriété publique, comme avec Michael Bloomberg, qui fut le maire de New York, des hommes du Congrès, des entrepreneurs richissimes, la liste est trop longue pour les citer tous.

Petit à petit, je découvrais l'envers de l'homme qui m'avait tant fasciné. Le couvercle de l'omerta soulevé, le dieu vivant dégringolait, ses pieds d'argile se brisaient en mille fragments. Beaucoup de monde savait qui était vraiment Harvey Weinstein : un producteur tyrannique, violent, qui s'appropriait les films d'autrui, signait des contrats par la force, finissait toujours par broyer ses proches collaborateurs, ses stars, ses acteurs, ses réalisateurs.

En tant que producteur exécutif, il s'immisçait dans les castings, moyen idéal pour repérer les proies futures qui passeraient volontiers à la casserole, pour débuter un chantage qui durerait jusqu'à la sortie du film et au-delà, jusqu'aux Oscars. Il allait sur les plateaux de tournage pour mettre son grain de sel et, sous prétexte de rigueur et de perfection, reniflait les belles silhouettes qui avaient échappé à sa vigilance de mâle. En plein tournage, lorsqu'il sentait venir des scènes dénudées, il venait mater des actrices en devenir, dans un monde où la promotion canapé est une tradition établie. Quand venait le moment de la postproduction, il imposait des coupes, cherchait à influer sur le dénouement et le sens du film, alors même qu'il militait dans les médias pour un renouveau du cinéma indépendant, pour l'indépendance du réalisateur.

Son usage abusif du *final cut*, exigé dans les contrats de distribution comme de production, lui permettait de plonger ses mains agiles dans le montage du film, de raccourcir ou d'éliminer les scènes selon son bon vouloir, et parfois selon des motifs très impurs, sans lien avec le public, pour punir un acteur ou une actrice, ou à l'inverse de rétablir des rushes écartés, pour payer une faveur entre deux caravanes de tournage. Ce qui lui a valu d'être nommé « Harvey scissorhands », Harvey aux mains coupantes (en référence au film de Tim Burton, *Edward aux mains d'argent*), dans une industrie américaine où pourtant la puissance du producteur va de soi.

Les histoires qui circulaient sur Weinstein valaient bien les indiscrétions incroyables et parfois totalement fantaisistes sur le Hollywood des années vingt à cinquante rapportées par le cinéaste *underground* Kenneth Anger dans ses livres *Hollywood Babylone* et *Retour à Babylone*. On ne prête qu'aux riches. Harvey Weinstein, le cofondateur des studios Miramax, avait atteint le niveau de pouvoir décrit par Fitzgerald dans *Le Dernier Nabab*. Comme le héros de ce roman, c'était un bourreau de travail. Il avait épousé une actrice et il se mêlait de tout dans la fabrication des films qu'il produisait. Depuis 1989, où il avait produit le film qui lança sa carrière, *Sexe, mensonges et vidéo*, réalisé par Steven Soderbergh, comme lui, il cherchait l'excellence. Ce film avait notamment reçu la Palme d'Or et le prix d'interprétation masculine, décerné par un jury présidé par Wim Wenders.

Le festival 2013, comme d'habitude, débuta sur les chapeaux de roues. Après la projection et la soirée d'ouverture, qui se tenait comme tous les ans sous une tente géante face au Majestic, l'heure de la chasse aux proies commença dans une autre soirée, celle de Brian Ferry sur le yacht *Voyager*, pour se terminer chez les Warner Brothers, pour la Great Gatsby After Party, où le dragon leva deux mannequins-actrices avec l'aide de Colleen son assistante. Les jeunes actrices furent prises en charge, rassurées et engouffrées dans la limousine, direction sa chambre d'hôtel au Majestic. Comment douter de l'honnêteté de jeunes assistantes américaines ?

Puis le festival poursuivit son cours tumultueux, accidenté de projections, de rendez-vous avec des sommets du 7e art, d'interviews, de fêtes données et reçues, d'investisseurs à convaincre, de jeunes proies à traquer jusqu'à l'aube. Car bien sûr, comme toujours, il lui fallait de la chair fraîche tous les soirs, de préférence la chair de jeunes actrices tendres, dociles et aventureuses. C'était ainsi que s'achevaient pratiquement toutes les soirées d'Harvey, vers 5 heures du matin, où il se retranchait dans sa suite du Majestic avec une ou deux femmes au minimum, plus quand l'occasion le permettait. Des révélations nous ont appris par la suite qu'il était autant exhibitionniste qu'un réel partenaire sexuel.

Parfois, je passais des heures dans ma limousine à me poser des questions sur ce qu'il devait faire subir aux jeunes femmes. Comme un manant, j'attendais toute la nuit devant l'hôtel pour savoir à quelle heure il aurait besoin de moi le lendemain. Souvent, ayant fini mon dernier scénario, je m'endormais au volant de ma voiture, car il y a longtemps que le monstre m'avait oublié. Vers 7 heures, un coup de fil de Myriam qui s'inquiétait avant de commencer sa journée me réveillait ; je décidais alors de rentrer chez moi. Après tout, Colleen ou Maud m'appelleraient pour me briefer sur la suite des événements.

Ce festival 2013 fut carrément en montagnes russes car Georgina Chapman ne l'accompagnait pas aux soirées mondaines ou caritatives. Elle avait une bonne excuse puisqu'elle était absente de Cannes. Le roi fut célibataire pendant toute la durée du festival. Tous les soirs, entre sa suite royale au Majestic et ses bureaux de production perchés sur les toits du Gray d'Albion, il s'en donnait à cœur joie dans les réunions ultra-privées, des minicastings bidon, de top-models, d'actrices ou de call-girls... et de curieuses au cœur bien accroché.

28

Le coup de Monaco

Le soir du 21 mai, j'embarque Harvey et son équipe d'assistants à l'Eden-Roc pour une réunion décisive avec le réalisateur Olivier Dahan. Après lui avoir acheté les droits de *La Môme* en 2007, le nabab suit le réalisateur français, qui est auréolé du triomphe de son film sur Édith Piaf ; un film qui a conquis les États-Unis sous le titre *La Vie en rose* et a valu à Marion Cotillard un Oscar pour son interprétation de la grande chanteuse. Avec le succès, les portes du rêve américain se sont ouvertes au réalisateur, il s'attaque maintenant à un mythe du cinéma hollywoodien, Grace Kelly ; où comment l'amour conjugal triomphe des illusions du grand écran. Le réalisateur a choisi Nicole Kidman et Tim Roth pour porter délicatement la vie du couple sérénissime, l'amour du prince Renier et de l'actrice Grace Kelly, dans une œuvre que les médias du monde entier imaginaient glamour et féerique. En réalité, la principauté de Monaco enquête, elle suspecte une entourloupe, elle craint pour son image ; elle semble avoir fait pression sur Harvey Weinstein, qui lui-même n'est pas convaincu par les partis pris de Dahan. Et le meeting se poursuivit au Majestic, au restaurant provençal La Petite Maison.

Avec tous ses défauts, sa façon obtuse d'appréhender la réalité, Weinstein était l'homme des foules ; il flairait le grand public comme l'orque flaire le baleineau, à des kilomètres à la ronde. Il sentait que la démystification de la légende de Grace Kelly ne serait pas bien accueillie. La multitude des spectateurs allait au cinéma pour aimer et haïr des personnages. Pas pour une leçon de science politique, si gracieuse soit-elle, à partir d'une principauté irréelle qui, hormis pour les Monégasques, n'évoquait rien sinon des casinos et un grand prix de Formule 1. Monaco n'était pas la Grèce de Byron, comment s'identifier avec son combat pour l'indépendance ? Depuis l'échec de *Nine*, un *remake* de Fellini censé exprimer l'amour du cinéma et qui avait été un échec grandiose, Harvey se méfiait des films trop subtils. Qu'importe qu'ils deviennent cultes des décennies plus tard, le cinéma était une industrie, le retour sur investissement devait être immédiat.

Le différend avec Olivier Dahan ne se résolvait pas. Au cours de la journée, Harvey montra plusieurs fois de l'agacement.

– Un biopic universitaire, voilà la merde qu'il est en train de pondre. Il ne comprend rien aux mythes populaires ! Regarde Tarantino, Mickaël, il empile mythe sur mythe, le western sur le kung-fu, mais il se garde bien de dire que le monde du western n'a jamais existé.

Au travers des échos des conversations sur Grace de Monaco, je sentais que le ton se durcissait. L'angle d'Olivier Dahan était l'histoire réelle de la principauté, liée à sa fiscalité et au désir du général de Gaulle d'en finir avec ce paradis fiscal, polémique que les dignitaires de Monaco souhaitaient oublier. Harvey avançait dans ce débat des arguments qu'on ne voulait pas entendre. L'équipe du film croyait qu'il défendait la famille Grimaldi. Ils en arrivèrent presque aux mains.

Comme beaucoup d'autres, le réalisateur Dahan était en conflit artistique avec le distributeur Harvey, le grand sorcier des Oscars, le génie du marketing ; il l'accusait de vouloir un film commercial, au ras des pâquerettes, supprimant tout ce qui dépasse. Ce bras de fer durait depuis des mois. Le parrain qui avait propulsé *The Artist* aux Oscars, avec sa moisson de récompenses, avait fait monter la pression en laissant entendre qu'il pourrait abandonner le film. En fait, les discussions restaient ouvertes.

En règle générale, Harvey n'hésitait pas à mettre les réalisateurs au pas. Il coupait les films à sa guise. De nombreux cinéastes l'avaient appris à leurs dépens. James Gray, Jean-Pierre Jeunet, Martin Scorsese, Bong Joon-ho avaient subi les attaques d'« Harvey scissor-hands ». Bien peu lui résistaient, car la « recette Weinstein » fonctionnait. Les films qu'il produisait cartonnaient au box-office, remportaient des Oscars, et personne ne songeait à s'émouvoir de ses manières brutales car dans la culture du cinéma américain le producteur est roi. Hélas pour Weinstein, en France, l'auteur est le grand décideur, la législation protège le réalisateur et l'invite à imposer ses vues artistiques. Dahan n'avait aucune raison de bouger d'un pouce.

Bien malgré moi, je suis devenu le thermomètre des échecs de Weinstein. Quand la négociation tourne à son désavantage, il se conduit avec moi d'une façon exécrable. J'en prends plein la tronche à huis clos dans ma limo, je suis sa tête de Turc pendant ses trajets.

– Des nuls, ce sont des nuls et des perdants ! Ils vont me ruiner ! Des *losers*, comme toi, le Pakistanais, accroché à ton petit volant de merde.

Je serre les dents, comme me l'a recommandé Myriam, je me passe des images agréables pour garder mon calme. Voyant dans le rétroviseur un visage indifférent, et même souriant, sa hargne s'accroît. Ce jour-là, après une bordée de jurons à mon intention, l'écume aux lèvres, il détruit avec rage le projet du film sur Grace de Monaco. Il prend le script, il le déchiquette, il le dépèce. Une évidence me frappe : à travers le scénario, c'est son auteur qu'il a plaisir à piétiner ainsi, à insulter, à broyer.

Quels souvenirs je garde de ce festival d'avant la catastrophe imminente ? Des faits dérisoires liés à la vente aux enchères de l'amfAR 2013 : un voyage dans l'espace sur Virgin Galactic en compagnie de Leonardo DiCaprio adjugé 1,2 millions d'euros. Un autre convive a déboursé 1,5 millions d'euros pour devenir figurant dans quatre prochains films de la Weinstein Company, dont un long-métrage avec DiCaprio.

Le 24 mai, David Glasser quitte Cannes pour Los Angeles, tandis que Dan Guando et Emily restent près d'Harvey, obligé de s'incliner devant un réalisateur français.

– Ce petit freluquet de Dahan a voulu conserver sa version loufoque de *Grace of Monaco* disait-il à ceux qui l'interrogeaient sur l'avenir du film.

Le 26 mai à midi, il décolle pour Londres via Paris. Son planning indique :

17 heures : grand meeting avec Bernard et Delphine Arnault, son rendez-vous aura lieu chez Louis Vuitton, rue du Pont-Neuf à Paris.

21 heures : il décolle pour Londres.

Je le reverrai vers la mi-juillet pour le conduire au Byblos à Saint-Tropez pour la dernière fois de ma vie.

Quatrième partie

29

L'abolition de l'esclavage

French Riviera, Cannes, la Croisette. Dimanche 14 juillet 2013, 11 h 30. C'est le jour de la Fête nationale, un dimanche ensoleillé qui invite au *farniente*. Myriam et moi avons décidé de nous mettre en jachère le temps d'un brunch à la plage, savourant un panaché bien frappé, servi par Mélissa, notre plagiste préférée. En attendant de passer à table, nous salivons sur un antipasti et un dos de loup rôti à l'huile d'olive.

J'ai encore les yeux éblouis par le soleil, vibrant dans l'immensité du ciel, d'un bleu azur devenu arc-en-ciel, lorsque mon téléphone se met à vibrer dans un tintement spécifique à la Weinstein Company. Je tiens d'instinct une main en visière et de l'autre je réponds à l'appel de Jimmy, l'assistant new-yorkais d'Harvey Weinstein.

– *Hi Mickaël !* J'espère que tu vas bien ?

– *Hello Jimmy !* Quoi de neuf depuis le festival ?

– Tu vas m'en vouloir, mon Mickey ! Mais j'ai besoin que tu me rendes un énorme service. C'est que voilà, avec le décalage horaire, j'ai complètement oublié de te briefer hier, quand Harvey m'a demandé de t'avertir. Enfin, de te dire qu'il allait sûrement arriver aujourd'hui sur la Côte d'Azur ! Bref, savoir si t'étais dispo pour le conduire ce week-end à Saint-Tropez ! Je viens d'y penser. Remarque, il n'est pas trop tard, il n'arrive que dans deux heures à l'héliport Grimaud-Cogolin.

– …

– Il faut que tu l'amènes à la plage du Club 55, le plus rapidement possible, par un raccourci comme tu sais les prendre. Il a un déjeuner super important avec Uma Thurman et Quentin Tarantino, il est attendu là-bas pour 14 heures. Tu peux le faire, s'il te plaît ? Ça m'enlèverait une épine du pied.

– Putain, Jimmy ! Tu déconnes ou quoi ? T'as vu l'heure qu'il est ? Je suis en train de déjeuner avec ma femme tranquillement à la plage ! Surtout, comment veux-tu que je sois à l'héliport de Cogolin dans moins de deux heures ? Un week-end de 14 juillet, avec la circulation monstre sur l'autoroute de l'Estérel… T'es vraiment barge, ma parole ! Tu ne changeras jamais.

– Harvey Weinstein est ton client !

– Et puis merde, j'y vais, mais si je suis en retard, ce sera ta faute, il le saura.

– Non Mickey ! Ne me fais pas ça, soit cool, je t'en prie…

– C'est ça ! Allez *ciao*… Lâche-moi la grappe, si tu veux que j'y arrive. Il faut préparer sa voiture avant qu'il ne pique sa crise sur moi encore une fois. Envoie-moi tes putains de bons de mission et son programme pour info. Merci !

– Ah, Mickaël, tu me sauves, je ne l'oublierai pas ; je t'envoie son *schedule*, Weinstein arrive avec David Glasser et sa femme, Michelle. Colleen est en vacances, il n'y a pas d'assistante sur ce coup. Harvey est parti énervé, en super rush comme d'habitude. Il faudra que tu le gères bien, comme tu sais faire ! Merci, merci, mille fois merci, mon Mickey, je te revaudrai ça.

– On verra le moment venu, tout le monde dit ça !

– Et surtout n'oublie pas de m'appeler, à n'importe quel moment, si t'as des questions. N'hésite pas, je suis au bureau avec Hannah.

Le visage maussade, Myriam a déjà décommandé la table réservée la veille. Mélissa la rassure.

– Il n'y a pas de souci pour la table, ça sera pour une prochaine fois, Myriam.

Un autre couple est déjà sur le coup.

Nous quittons la plage au pas de charge, bien décidés à gérer rationnellement la contrariété, comme à chaque coup de fil d'un des assistants d'Harvey Weinstein, toujours en *last minute* pour une arrivée impromptue.

La Classe S de Weinstein est sortie du garage et je tâche de l'équiper de ses effets personnels comme à l'accoutumée. Ensuite, je trace la route comme un damné en manque de substance. Dès que je sens que le monstre est dans les parages, l'anxiété me prend et l'adrénaline me monte à la tête. Pourtant, les recommandations n'avaient pas manqué.

– Chéri, je t'en prie, pas de stress sur la route, tu arrives quand tu arrives. De toute façon, ton expérience t'a appris qu'il n'est jamais content. Je te conseille d'appeler Franky ou Georges pour le *welcoming*, au cas où ça coince sur le chemin, comme ça, au pire des cas, tu le retrouves au Club 55. Ne provoque pas d'accident à cause des conneries de Jimmy ! S'il a été négligent, incapable d'assurer la coordination de son cher patron, c'est pas ta faute ! Il n'a qu'à payer les pots cassés ! N'hésite pas à le balancer à son boss !

– Bise, amour ! Tu ne m'en veux pas de ce déjeuner en amoureux foiré ? J'ai pas beaucoup travaillé ce mois de juillet, j'ai besoin de bosser, tu sais. Allez, j'y vais, à plus tard ! Avec Weinstein c'est toujours à l'improviste quand il vient l'été, et en même temps je ne peux pas le refuser. En plus, j'ai des factures en instance de paiement, le voir, c'est le meilleur moyen pour qu'il me les paye, tu comprends ? Je te tiens au jus.

– Tu seras absent combien de temps ?

– Ah, deux jours… Réserve-moi une chambre au Bella Vista Hôtel pour deux nuits, s'il te plaît… Et tu sais quoi ? Tu as raison ! Au diable l'avarice ! Appelle Franky ou Georges pour faire l'accueil à l'héliport de Cogolin, je vais me pointer directement au Club 55, c'est mieux !

Il est 13 h 30, l'entrée de Saint-Tropez est comme un formidable piège à cause des bouchons du 14 juillet ; la circulation se fait en file indienne, malgré le raccourci que j'ai emprunté, celui du Plan-de-la-Tour, par la route des vignes à la sortie du Muy. Maintenant, une demi-heure est nécessaire pour atteindre la plage 55. Soudain, mon iPhone vibre : c'est le numéro de Georges.

– Salut, Mickaël, j'ai bien reçu la commande de Myriam pour faire l'accueil de tes clients à 13 h 15 à l'héliport Cogolin. T'as de la chance que je sois libre ce midi ! D'ailleurs, j'y suis encore et bien surpris, avec mon panneau au nom de Weinstein. Mais je crois qu'il y a un problème de doublon : l'hélicoptère vient d'atterrir, mais les trois passagers, Harvey Weinstein et un couple, se sont dirigés vers un autre chauffeur.

– Quel chauffeur ?

– Il bosse dans la boîte de Tony. Tu sais qui c'est, n'est-ce pas ? Du coup, Weinstein ne m'a même pas regardé, il est parti avec le chauffeur qui attendait le couple.

– Il a dit quelque chose ?

– Il semblait pressé et énervé, il grommelait : « *Where is he, that moron ?* » J'ai pas relevé. Je me suis fait tout petit. Bon, je te facture un *no show*, j'ai un appel en attente, je te laisse, à bientôt.

– Merci, Georges, désolé pour le dérangement ! C'est noté pour le *no show*, à plus tard.

Et c'est un autre appel, de Myriam.

– Comment ça va, chéri ? Je t'ai réservé une chambre *in extremis*, c'est complet partout à Saint-Tropez, pas une chambre de libre, à part au Bella Vista ! Ah, au fait, j'ai eu Georges…

– T'es un ange, Myriam, je viens de l'avoir.

Il est 14 heures, le chant des cigales escorte une chaleur torride. Je suis à Pampelonne, sur la route des plages. Je me gare à l'intersection, en haut du boulevard Patch qui mène à la plage du Club 55, pour guetter l'arrivée du malappris qui ne va pas tarder.

Quelques minutes plus tard, une petite berline noire se pointe en amont de la mienne, la tête d'Harvey le râleur penchée à la vitre arrière. En apercevant la Classe S, il me fait des gestes pitoyables, en criant dans son argot new-yorkais : « *What the fuck? keep my stuff with you there*[23] », suivi d'un signe de son index droit dirigé vers le Club 55.

À peine descendus de voiture, Weinstein et le couple de David s'engouffrent dans le restaurant de la plage où ils sont attendus. Dehors, il y a une foule de touristes en mouvement, quelques limousines en stand-by, des badauds et des baigneurs intrigués, ainsi qu'une poignée de paparazzis, dont J.P. que je connais bien. Devant nous, la baie de Saint-Tropez est surchargée d'estivants venus de toutes les régions du globe, les plages publiques sont noires de monde. Éparpillés ici et là, lorgnant dans leurs objectifs géants, les photographes balayent les terrasses et la plage du Club 55, en quête d'un scoop ou, plus modestement, d'une photo sympa susceptible d'alimenter les pages de magazines people comme *Voici* ou *Gala*. Uma Thurman est dans les environs. Les paparazzis la guettent avec impatience.

Mais, avec ces 37 degrés à l'ombre, impossible de tenir debout cinq minutes dans la chaleur humide et étouffante ; la mer est d'huile, pas un pet de vent. Tout le monde est dans l'eau, à défaut sous un parasol, la tête enfoncée dans un chapeau de paille. La canicule rend le métier de paparazzi très méritant, seuls les forcenés y arriveront aujourd'hui !

23. Bordel de merde, garde mes affaires avec toi là-bas.

De mon côté, je colle au train du chauffeur appelé en doublon, qui essaie d'ignorer mon existence. Il est garé à quelques mètres devant. Mon souci est le *switch*[24] des bagages d'Harvey. Le tocard n'a pas l'air de vouloir réagir, alors que je le mitraille du regard. Enfermé dans sa Mercedes classe E, il fait mine de m'ignorer. Je reconnais sa berline, elle appartient effectivement à Tony, le patron d'une petite agence de location de chauffeurs à qui j'ai sous-traité par le passé. Une vraie enflure qui avait essayé de me voler le contrat de la Weinstein Company.

Malgré la chaleur, j'abandonne la clim et sors de mon véhicule pour aller à sa rencontre. Son téléphone collé à son oreille lui évite d'entrer en contact avec moi. J'ai l'impression qu'il me nargue. Je suis chaud bouillant, le mâle alpha dont on a foulé le territoire sort vite les griffes. Sait-il où il a mis les pieds ? Peut-être croit-il gagner une mise à disposition avec ces clients, alors qu'il a été prévu pour faire seulement le transfert de l'héliport au Club 55 ? Je suppose que c'est David qui l'a appelé.

Cette fois, je tape avec insistance à sa fenêtre et y plaque mon bon de mission. La mine agacée, il descend la vitre et permet enfin l'échange.

– Ça va ? Je m'appelle Mickaël, et toi ?

– Heu, moi c'est Christophe. Il y a un souci ?

– OK, cool. Non, mais on va switcher les bagages de mes clients. Il faut vite les transférer dans mon véhicule. T'es censé faire uniquement l'arrivée… à moins que tu sois réservé jusqu'à la fin du week-end, avec un bon de mission comme le mien.

– Je crois que tu fais erreur, je suis en dispo avec mon client, M. Glasser, pour l'hôtel de Paris et l'autre est au Byblos. Il est

---

24. Le passage d'un chauffeur à un autre des effets personnels d'un client.

hors de question que je te donne les bagages de mes clients. Je suis désolé, mais tu dois te tromper de chauffeur. Excuse-moi, je suis occupé, j'ai des appels.

– Écoute-moi bien ! Dans quinze minutes, tu disparais de ma vue, je te laisse compter à partir de maintenant, OK ?

Il remonte sa vitre et reprend sa communication, ne se souciant plus de moi.

Je rejoins ma classe S pour boire un peu d'eau. J'ai la bouche sèche et j'avoue que je rêve de violence, de chauffeur arraché de sa voiture et forcé à coups de ceinture à transférer les bagages dans ma voiture. Ce chauffeur est un vrai con, ça ne m'étonne pas qu'il travaille pour Tony !

Tandis que la pression monte tout doucement, Harvey et David sortent de la plage et se dirigent précipitamment vers moi, Harvey en conversation au téléphone comme d'habitude, tandis que David m'explique la situation. Il veut vite récupérer la valise des DVD qui se trouve parmi les bagages restés dans le coffre de la classe E ; et sur sa lancée, il me suggère de récupérer l'ensemble des bagages.

– Mickaël, veux-tu, s'il te plaît, effectuer le *check-in* avec nos bagages à l'hôtel de Paris, et celui d'Harvey au Byblos ? Merci, je garde le *top case* des DVD avec moi.

Mais ce n'est pas tout. Sa conversation téléphonique finie, Harvey Weinstein ne tarde pas à me hurler dans le dos comme un malade.

– *Mickaël, what the fuck,* c'est quoi ce bordel de merde ? Pourquoi t'étais pas à l'heure au *welcoming* à l'héliport ? C'est la dernière fois que tu me fais ce coup ! La prochaine fois je te fracasse la gueule, c'est compris ?

Prudemment, David prend le large. Il s'éloigne.

– Attends, Harvey, là je t'arrête net et tu vas te calmer tout de suite ! À peine arrivé, tu me prends déjà la tête ? C'était pas ma faute si j'étais pas à l'heure.

– Tu te fous de moi et tu vas me dire que Jimmy ne t'a pas prévenu hier soir pour…

– Exactement ! Jimmy m'a averti tout à l'heure, vers 11 h 30. Oui, monsieur. Alors que j'étais en train de déjeuner avec ma femme tranquillement à Cannes, il m'a appelé en alerte pour m'informer de ton arrivée à 13 h 30… Il avait oublié de me contacter hier. Alors c'est lui qu'il faut que tu fracasses cette fois, pas moi, OK ? J'en ai marre de le couvrir, ton connard de Jimmy ! Tu comprends ?

La face piquée de poils blancs de Weinstein a progressivement souri.

– C'est qui ce connard de *fucking driver* de merde qui ne connaît pas le chemin le plus court pour le Club 55 ? De l'héliport à ici, il a mis quarante minutes, ce pédé.

– Ce chauffeur, je pense que c'est David qui l'a commandé.

– Dégage-le, tu entends ? Ce tocard ! Tu le mets en *off*, et de suite, compris ? *Fuck off !*

Inutile de me retourner. Nos voitures sont à côté, tout près, on pourrait les toucher. Mon agressivité s'est transformée à la vitesse de la lumière, passant de la rage à la jubilation et, maintenant, limite commisération. Déjà que sa voiture manque de classe !

– Il t'entend, il s'appelle Christophe.

Je hausse la voix pour m'adresser à l'imbécile.

– Eh, t'as entendu ? Fais pas la sourde oreille, il faut que tu rentres chez toi ! Et vérifie qu'aucun bagage ne reste dans ton coffre ! Je te l'avais bien dit tout à l'heure…

– Ça va, c'est bon, j'ai compris.

– OK ! Dégage et bonjour à Tony !

Weinstein a soigneusement suivi l'échange. Il reprend.

– Bon, Mickaël ! Pour la coordination avec New York, je verrai ça plus tard avec Jimmy, crois-moi, il va m'entendre ce *fucking* assistant.

– J'espère bien, il faut qu'il se calme, le Jimmy !

– OK. Maintenant, Mickaël, tu vas au Byblos faire mon *check-in*, et tâche de préparer ma suite et d'installer mes affaires. Fais repasser mes chemises par le service de chambre, achète-moi une trousse de toilette complète à la pharmacie et prends moi aussi de l'Advil Tab ou du paracétamol 1 gramme. Prends-moi aussi des préservatifs aux fruits, n'oublie pas. Ensuite, tu reviens nous chercher au Club 55.

– OK., Harvey ! C'est noté, à tout à l'heure.

– Tu dors où ce soir, toi ? Je ne veux pas que tu rentres à Cannes. J'ai besoin de toi ce soir tard et demain matin tôt ! Pigé ? Sinon, *I'll kill you, understand* ? Tu m'appelles quand tu auras fini ton bordel, et ne traîne pas trop tes savates.

Le dénouement de cette petite altercation m'a satisfait. Je ne peux pas changer ses manières, ni son langage de voyou, mais tant qu'il me respecte, une collaboration demeure possible. À ce moment, j'ai oublié la main qu'il a levée sur moi.

Je commence bien sûr par la pharmacie, puis je dépose les bagages de David et Michelle dans leur suite, avant de remonter aussitôt au Byblos pour y préparer la suite royale d'Harvey, défaire ses valises, installer ses vêtements comme il se doit. Passons sur les détails domestiques de l'homme à tout faire : femme de chambre pour les chemises et pantalons, veiller aux chargeurs de BlackBerry et iPad, le plateau de fruits variés, le champagne, les Coke et l'Évian *sparkling* bien frappés. Tous ses effets à portée de main… Je file au Bella Vista.

– Bonjour, monsieur Jean, comment allez-vous ?

– Ça va, je vous remercie, votre femme nous a appelés ce midi ! Alors toujours avec le même producteur américain, le fou furieux ? Ça va, il n'est pas trop chiant cette année, j'espère ?

– Oui, c'est bien ça ! On ne le changera jamais. Il est comme d'hab, toujours excité, pressé et très impoli. Je fais avec, c'est mon gagne-pain, il me fait mon chiffre d'affaires, alors je m'accroche comme je peux. Je suis toujours dispo pour lui, quoi qu'il arrive, même si aujourd'hui c'est dimanche 14 juillet, je suis là, vous voyez ? Il nous a planté notre déjeuner en amoureux à Cannes. Mais ce n'est pas grave, il y en aura d'autres.

– Oui, votre épouse m'a expliqué. Vous êtes courageux, dites donc ! Bon, pour la chambre, on a eu de la chance ! Un pur hasard. Des clients ont écourté leur séjour ; ils sont partis précipitamment sur une mauvaise nouvelle. Autrement, le parking est plein à craquer, on est complet ! Voici votre clé, le numéro 19, celle du rez-de-jardin, on vient de la préparer, vous verrez, elle est double avec une douche à l'italienne. Je vous la compte en *single* avec une kitchenette, c'est pratique. Tenez, c'est la même que l'année dernière quand vous êtes venus tous les deux.

– Ah, OK ! Merci beaucoup, monsieur Jean, c'est vraiment gentil, je vous laisse mettre ma housse et mon sac de voyage dans la chambre, je n'ai pas un moment à moi, je dois filer au Club 55 continuer ma dispo, à ce soir.

– Donc à demain matin !

Il sourit avec malice, il connaît les appétits du monstre, sa bestialité de cyclope, sans doute même le surnom de Gros Porc.

Une heure plus tard, je suis appelé par Harvey à l'intérieur de la Plage 55, un club fondé en 1955, à l'époque où sont nées les voiles de Saint-Tropez, les multiples régates qui ont lieu en septembre. Aujourd'hui cet endroit est tenu par Patrice, le fils héritier. C'est une plage incontournable de Pampelonne.

Harvey me hèle du fond de la terrasse pour que je récupère sa mallette et le *top case* des DVD de David. Le resto de la plage est blindé de beau monde, je me fraie un passage dans la foule qui danse, qui chante… Ça parle fort, c'est bon enfant, c'est la cantine des stars du *showbiz*, de la jet-set et des oligarques. Trois bonnes minutes me sont nécessaires pour atteindre sa table, où il est assis entre Uma Thurman et Quentin Tarantino, David et sa femme, des mannequins, des play-boys. Il y a là aussi un milliardaire d'origine libanaise, à la tête du fonds d'investissement qui a contribué à sauver les studios de la Weinstein Company. Une bonne connaissance qu'Harvey doit revoir le lendemain matin au Byblos.

Dès qu'il me voit, Harvey est volubile, il a bu, il parle trop et trop fort, comme s'il voulait être entendu de tout le restaurant ; comme s'il se faisait fort de montrer qu'il matait le chauffeur français de grande remise réputé pour son indocilité.

– Mickaël, ne soit pas trop distrait, OK ? Fais bien attention à ma mallette, sinon je te dézingue, compris ? Et n'oublie pas celle des DVD ultra confidentiels que tu enfermes dans le coffre de ta voiture ! Tu m'attends, j'arrive dans quelques minutes, tu me ramènes au Byblos. Aller, ripe tes pompes.

L'assemblée est gênée, du moins ceux qui ne détournent pas la tête, pris d'un besoin irrépressible de retrouver un ami dans la foule. La passivité de ces grands noms de la culture populaire m'électrise.

– *OK, keep cool !* L'esclavage a été aboli, boss.

Je déteste quand il me parle sur ce ton devant ses amis et collègues. Même bien entouré, son langage demeure détestable. Ma repartie a fait mouche, des sourires complices fusent. Celui d'Uma Thurman me va droit au cœur.

Je reviens à mon véhicule stationné en contrebas d'un chemin en cul-de-sac. Je range les mallettes dans le coffre, après quoi je vais me prendre un café glacé au kiosque du coin, le temps de griller une cigarette, d'échanger quelques mots avec Jean-Paul, un paparazzi qui travaille comme photographe-reporter, spécialiste notamment de la montée des marches du festival.

– Salut, Micka, toujours avec ton poids lourd ? Je t'ai vu tout à l'heure en grande discussion avec lui ! Dis-moi, ça chauffait grave ! C'est la chaleur qui lui monte au crâne ou quoi ? Ha, ha, ha, ha !

– T'as toujours le mot qu'il faut, J.P. ! Oui, il n'y a pas de répit, tu le connais, le Gros Porc ! Il vient d'arriver en hélico, il y a une brochette de personnalités avec lui, c'est chaud bouillant. Harvey veut fêter les vingt ans de *Pulp Fiction* au prochain festival, on dirait qu'il a déjà commencé la fête. T'es sur le coup avec Uma Thurman et Quentin Tarantino ou quoi ?

– Hé, devine ! On est sur le spot du Club 55 depuis ce matin, 9 heures. On est trois dessus, on nous a envoyés en éclaireurs aux aurores à l'aéroport, pour tirer le portrait et quelques clichés de Uma Thurman descendue à Saint-Tropez en jet privé. Apparemment, ils crécheraient dans un super yacht en rade dans la baie.

– Elle déjeune avec Harvey, y'a Tarantino aussi.

– J'ai quelqu'un qui fait le guet, on attend qu'elle ressorte pour la faire encore, après on se casse.

Il est 17 h 10 quand j'aperçois Harvey qui sort du Club 55, accompagné non pas de Michelle et David Glasser, mais d'une ravissante jeune femme d'environ vingt-cinq ans, genre un mètre soixante-quinze. Une belle brune aux yeux bleus, bien gaulée dans un short en jeans très très court, un débardeur échancré, une paire de spartiates aux pieds et un sac de plage en raphia. L'aventurière du dimanche dans toute sa splendeur, qui tombe dans la nasse de Harvey.

Je parie qu'il lui a proposé de la déposer quelque part... Il se comporte en gentleman, me faisant signe d'avancer le véhicule vers la sortie. Pressé de l'embarquer, il ne me laisse pas le temps de leur ouvrir les portières, il s'y emploie tout seul comme un chef, à mon grand étonnement.

– Mais je vous en prie, allez-y, prenez place.

La resplendissante jeune femme au bronzage bien doré à l'huile de monoï s'installe sur la banquette arrière côté gauche, tandis que Harvey reprend sa place favorite, du côté droit. Il m'interpelle.

– Mickaël, je te présente Amanda. Amanda, je te présente Mickaël, mon chauffeur, le meilleur de tous les chauffeurs de la Côte d'Azur ! Il va nous déposer gentiment en ville, en passant par le Byblos, n'est-ce pas, Mickaël ?

– Bien sûr, Harvey ! Avec plaisir. Enchanté, Amanda.

À mi-chemin de l'hôtel Byblos, un malaise s'installe sur la banquette arrière. J'ai l'impression que le Boss s'est trop rapproché de cette gamine confiante. Il est collé à elle ! Peut-être même s'est-il permis de lui effleurer la cuisse.

Soudain, il lui balance :

– Je t'invite à prendre un verre au Byblos et, promis, Mickaël te déposera en ville tout de suite après.

– Non merci ! C'est pas la peine, je suis pressée, j'ai un rendez-vous hyper important, je dois aller au port.

Parvenu au Byblos, Harvey entrouvre sa portière en insistant lourdement.

– Allez viens, il n'y en a pas pour longtemps, juste le temps de boire un verre près de la piscine !

Ça fait deux bonnes minutes que nous sommes arrivés devant le Byblos, un temps très long quand personne ne parle. La portière toujours ouverte, Harvey a mis un pied à terre et la tire par le bras. Son insistance n'est plus une invitation, c'est un ordre ! Il devient agressif, une colère noire l'habite, mais la fille ne cède pas et s'agrippe à la poignée intérieure, son refus est définitif. Dotée d'une détermination d'acier, elle s'énerve à son tour.

– Non, non, je t'ai dit que je ne pouvais pas, n'insiste pas, non c'est non.

– OK ! Casse-toi alors !

Le gentleman s'est transformé en vulgaire dragueur insatisfait. Claquant la portière avec violence, il s'éloigne. Je démarre avec la fille à qui il avait promis d'être raccompagnée.

Sur la route du centre-ville, je me retourne vers Amanda apeurée, qui doit se dire : « Tel maître, tel chauffeur. » Sa main est restée accrochée à la poignée, son regard vérifie que la portière arrière n'est pas verrouillée. Je la rassure.

– Ça va ? Il devient de pire en pire. Mais rien ne te serait arrivé. Veux-tu un peu d'eau fraîche ? Où préfères-tu que je te dépose dans le centre-ville ?

– Merci, Mickaël, ça va aller. Tu peux me laisser au vieux port en face du Senequier, s'il te plaît ? Dis, tu travailles pour ce mec ? Je te plains ! Il est complément malade, ce type. Bon courage à toi.

Je la dépose devant le Senequier, elle file en direction d'un super yacht amarré au port. Elle enjambe la passerelle de cet énorme bateau, quelqu'un l'aide, un skippeur qui lui fait des courbettes. Je remarque un billet de cinquante euros laissé à mon intention sur la console centrale de ma voiture. Si ça se trouve, c'est la fille d'un milliardaire descendu en vacances dans le golfe de Saint-Tropez. Harvey ignore que toutes les filles ne sont pas à vendre. Ce gros con, avec son comportement de maniaque sexuel, me fait honte. Cette vulgarité hors du commun avec une fille innocente. Elle s'est échappée de justesse.

En quittant le vieux port, je reçois un coup de fil de David Glasser. Au son de sa voix, je comprends très vite que le déjeuner d'affaires a été très arrosé. Avec sa femme, ils sont dans une file d'attente d'une station de taxis, mais aucun véhicule ne passe.

– *Hello*, Mickaël, est-ce que tu peux nous sauver ? Viens vite nous chercher, on est bloqués depuis un moment au Club 55, malheureusement on ne trouve pas de taxi, on t'attend.

– OK. J'arrive dans un quart d'heure.

Je suis à cent mètres de l'hôtel de Paris, les chasseurs se manifestent pour faire l'accueil. Mais je maintiens les portières fermées car Michelle et David sont affalés sur la banquette arrière dans un état comateux. Ils ronflent en chœur, créant une mélodie romantique avec l'accompagnement du moteur diesel, bonjour les dégâts ! Comment je vais m'y prendre pour les réveiller, qu'ils puissent émerger doucement ?

– *Hey*, David ! David, réveille-toi ! *Hey*, Michelle, on est arrivés ! C'est l'hôtel de Paris, votre hôtel, ça va aller ?

David sursaute et se réveille le premier, il s'adresse à moi avec une voix aphone.

– Oh zut merde c'est là notre hôtel, *hey, Michelle, wake up, come on*[25], merci Mickaël, merci, à ce soir.

D'une démarche improbable, le couple Glasser est descendu de mon véhicule pour rejoindre sa suite. La déesse Morphée a dû n'en faire qu'une bouchée !

---

25. Hey, réveille-toi, allez viens.

30

Le clash

J'envoie un mail à Jimmy pour connaître la suite du programme, car Harvey ne répond pas : est-ce que j'ai le temps d'aller prendre une douche et me relaxer avant le dîner, s'il y en a un ?

Mon portable vibre, le nom du King s'affiche, quand on parle du loup…

– T'es où ?

– J'ai d'abord déposé Amanda en ville et ensuite Michelle et David à leur hôtel. Ils étaient un peu fatigués, je pense qu'ils avaient forcé sur la boisson. Je n'ai pas encore mangé et, avec cette chaleur humide, j'ai besoin de me changer pour être frais et dispo ce soir. T'as besoin de moi ?

– À 19 h 15, tu vas récupérer David à son hôtel, j'ai besoin de lui ici au Byblos, OK ? Hum, hum…

– OK, c'est noté ! Rien d'autre pour ce soir ?

– Non, rien. Jimmy te briefera.

À 19 heures, me voici à l'hôtel de Paris pour récupérer David comme prévu, je laisse ma classe S au chasseur.

– Vous dites M. Glasser, c'est bien ça, voyons voir, Glasser, Glasser David, David Glasser, ah oui, c'est la 213. C'est vous qui avez déposé leurs bagages cet après-midi, je compose le numéro.

Longue sonnerie, insistante. Personne, pas de réponse. Je ne suis pas surpris, je pense qu'ils dorment profondément avec la murge qu'ils se sont prise au Club 55. Pas étonnant qu'ils ne réagissent pas !

– Monsieur, ça ne répond pas, ils sont sûrement sortis.

– OK. Merci, monsieur le concierge.

De mon propre chef, je décide de monter sonner à la 213. Ils sont là, c'est moi qui les ai déposés complètement bourrés il y a à peine deux heures, je les entends ronfler tous les deux derrière la porte. Quel désastre ! Je sonne comme un malade, je tambourine à leur porte, je crie, rien à faire, David et sa femme sont hors service. Une pancarte indiquant *Do not disturb* est suspendue à la poignée. Il est 19 h 20 quand j'appelle Harvey pour le mettre au parfum.

– *Hi*, Harvey, David ne répond pas à mon appel et n'ouvre pas la porte. Je suis navré, mais il doit dormir. Tu te rappelles ? Je t'ai dit qu'ils étaient HS tous les deux, ils ont trop bu d'alcool. On fait quoi ?

– Putain de merde, *WHAT THE FUCK* ! Reste là-bas et insiste jusqu'à ce qu'il t'ouvre la porte, tu sonnes tant qu'il ne t'ouvre pas, même s'il faut la casser ! Je m'en fous, il faut que tu me l'amènes au Byblos, un point c'est tout.

Il est 20 heures, je quitte l'hôtel de Paris sans David. Harvey rentre dans une colère indescriptible quand il apprend mon échec, en terminant par un sonore *Fuck you*. Avant de me raccrocher au nez, il me balance :

– Ramène ta fraise à 21 heures au Byblos, tu vas voir ta gueule.

Je sens que la soirée va être chaude s'il ne se calme pas. Ce soir c'est la lune montante, la sève déborde des plantes.

Une demi-heure pour manger une salade au troquet qui se trouve en bas de la citadelle du vieux Saint-Tropez, et je suis en place, à 20 h 50, devant le Byblos… comme prévu au programme d'Harvey. Je demande au concierge de faire monter dans sa suite les deux mallettes restées dans mon coffre, puis je vais m'asseoir sur un banc près de la petite fontaine.

Le voilà qui sort de la réception avec sa tête des mauvais jours, l'air renfrogné, vêtu d'un jean délavé et d'une chemise blanche en lin toute froissée !

Il s'assoit à mes côtés et lance, suspicieux :

– Dis-moi voir, t'es sûr que tu t'es pas trompé de chambre tout à l'heure ?

– Non, Harvey, le concierge de l'hôtel de Paris m'a confirmé le numéro de sa chambre en déposant ses bagages, et c'est bien la 213 à laquelle je me suis présenté en vain. Ils étaient ivres tous les deux à la sortie du Club 55, et je n'ai rien pu faire. Il était signalé *Do not disturb* sur la porte.

Le titan du cinéma ne décolère pas, il réplique.

– Mais de quoi je me mêle ? *Fuck off,* il a le droit de faire ce qu'il veut, pour qui tu te prends, toi ? David gagne deux millions de dollars par an ! Et toi, espèce de pédé, combien tu gagnes dans ta vie, hein ? Pauvre mec…

Ça y est, en quelques secondes, il est devenu ingérable et passe ses nerfs sur moi. Des insultes à la chaîne, ainsi que toutes sortes de reproches me tombent dessus.

Je décide de ne pas réagir, sinon on risque d'en venir aux mains. Il est vraiment dingue, ce mec, impulsif et irrationnel, il ne réfléchit ni à ce qu'il dit ni aux conséquences. Malgré tout, je reste professionnel, je me contiens, fais le dos rond, mais plus difficilement que d'habitude. Il m'a fait comprendre que ma classe sociale était loin de la sienne et de celle de ses collaborateurs. Mon salaire implique que je suis une merde. C'est vrai que je ne gagne pas deux millions de dollars par an, mais pourquoi ce mépris, cette déconsidération ?

Notre conversation s'arrête net avec l'arrivée de son vieil ami Nicolas, conduit par son majordome. L'atmosphère se détend instantanément. Nicolas s'avance tout sourire, un mot sympa et une poignée de main pour son ami et un salut affectueux pour moi.

– Mon cher Mickaël, ça fait plaisir de te voir, comment vas-tu depuis le festival ?

– Très bien, merci, Nicolas.

Regard ahuri d'Harvey, qui paraît tout à coup prendre conscience de sa méchanceté envers moi.

– Mickaël, tu nous suis, s'il te plaît, continue Nicolas. Je prends Harvey avec moi, nous allons dîner chez les Barnes…

– OK. Ça roule.

Soulagé d'être seul dans mon véhicule, nous démarrons en direction de la villa des Barnes qui se trouve à quelques encablures du Byblos.

Nous voilà arrivés en douceur. Une bonne place de parking, je quitte mon véhicule. Pour me dégourdir les jambes, je marche dans le parc de la villa. Vadim, le majordome de Nicolas, vient à ma rencontre.

– Comment ça va, Mickaël ? Ça fait plaisir de te revoir. Tiens, je t'ai amené un Perrier bien frais. Alors, qu'est-ce que tu racontes de beau ?

Après un tour des potins, on passe aux souvenirs.

– L'été dernier, tu te rappelles, Mickaël, l'histoire du pneu crevé de ta Mercedes sur une pente dans la cour de la villa ? Le cric ne tenait pas, et impossible de remonter une roue de secours avant au moins une heure. Heureusement qu'ils avaient pris le tender pour se rendre au vieux port ce soir-là !

– Bien sûr, je n'ai pas oublié. Et toi, tu te souviens d'Anne-Sophie, la fille qui était fan d'Harvey depuis au moins une dizaine années et qui était si belle, le sosie de Sophia Loren à vingt ans, qu'il m'a envoyé la chercher à Marseille pour l'accompagner durant le week-end ?

– Ah oui, une vraie beauté, qu'est-ce qu'elle est devenue ? Cette nana, j'ai cru que c'était une actrice au début.

– Mai non, rien de tout ça, c'est juste une fan à qui il promettait de faire des castings. Mais elle n'a jamais tourné, même pas en tant que figurante dans un navet. Le pire, c'est que, cette fin de week-end, il n'avait pas dormi, et moi non plus, puisque je l'avais raccompagné à son hélico avec Alison, son assistante, vers 6 heures du matin. Ensuite je suis revenu chercher Anne-Sophie vers 9 heures pour la raccompagner non pas à Marseille, mais à Nice, pour prendre son avion et monter à Paris, comme Harvey lui avait promis. Sauf qu'Harvey avait complètement oublié de lui réserver un billet. Arrivés à l'aéroport, naïve, elle me demande son billet d'avion, que je n'avais pas. Elle s'est mise à pleurer dans la voiture, comme une enfant. J'ai dû appeler le bureau de New York pour qu'il lui envoie un billet électronique.

– Quelle galère, ce Harvey ! Il se fout de la gueule de tout le monde. Moi, avec tous les services que je lui ai rendus à la villa, jamais il ne m'a laissé le moindre pourboire. Ah si, je me rappelle qu'une fois il m'a vidé sa poche en partant ; c'était la monnaie d'un billet de vingt, pour te dire ! Enfin, c'est comme ça. On ne fait pas ce métier pour le pourboire !

– Et toi, comment ça va avec Nicolas ? Il paraît qu'il a cédé son yacht, le *Bel Air*, et qu'il est en train de se défaire de sa villa, d'ailleurs il m'a envoyé le dossier avec les photos pour un de mes clients russes.

– Non, la villa ne sera pas vendue cette année ; elle a été mise en location saisonnière avec nous dedans, le personnel en prime. Elle n'est pas encore partie, penses-tu, c'est la misère, mon vieux.

Le temps passe vite, il est déjà 23 heures, Vadim se fait héler par Nicolas, il va à sa rencontre. J'en profite pour aller fissa me rafraîchir aux toilettes. Dès mon retour, Harvey est déjà sorti de son dîner. Je le vois tourner autour de la voiture comme un fauve, le téléphone collé à son oreille, pour ne pas changer. Il est visiblement agité, sûrement en train d'élaborer un plan cul pour la soirée. D'un ton convaincant, il discute avec un interlocuteur qu'il met en attente le temps de dire, par politesse, au revoir aux Barnes et saluer son ami Nicolas au pied des marches. Il s'adresse à moi avec agressivité :

– T'étais où ?

– Aux toilettes.

– *Fuck off! And get in the car*[26] !

Il ne me laisse pas le temps de lui ouvrir la portière. De façon inhabituelle, il s'est déjà engouffré pour prendre place sur le siège avant. Harvey est décidé à se laisser conduire d'une manière décontractée. Il me surprend.

Quand je démarre le véhicule selon ses instructions, il reprend sa conversation, apparemment avec le même interlocuteur, alors que son BlackBerry n'arrête pas de vibrer tellement il reçoit des textos ! Je l'entends dire :

– Ne quittez pas, je vous passe mon chauffeur, il parle français, dites-lui où vous êtes ! On vient vous chercher tout de suite.

Il me tend alors son portable d'un mouvement autoritaire.

– Tiens, elles parlent français, note l'adresse.

– Salut ! C'est Mickaël, je vous entends mal, qu'elle est votre adresse ?

– *Hello* ! Moi c'est Anastasia, vous m'entendez ? Je suis avec Anouchka, on est à Saint-Tropez dans une soirée organisée, c'est bientôt la fin de la fête. Si vous venez nous chercher

26. Va te faire foutre et monte dans la voiture.

tout de suite, au 47, rue Sainte-Anne, on vous attend, mais sinon on prendra un taxi pour venir au Byblos. Dis-lui qu'il ne s'inquiète pas.

– D'accord, on arrive !

– Qu'est-ce qu'elles t'ont dit ? Regarde mon sms, est-ce la même adresse ?

– Oui, Harvey, c'est la même adresse, rue Sainte-Anne au 47, on y va. C'est pas loin d'ici, on devrait y être dans vingt minutes... c'est la fin de la fête dans une villa. S'il le faut, elles te rejoignent au Byblos, elles ont dit qu'il ne fallait pas que tu t'inquiètes.

– Non, vas-y aussi vite que tu peux et donne-moi de l'eau.

En lui servant son quart Évian, je comprends qu'à ce moment-là il vient d'avaler son stimulant sexuel, son Viagra. Ça promet, ce soir ça ne rigole pas, le grand mâle est bien décidé à s'envoyer en l'air, avec deux nanas s'il vous plaît. Nous roulons en direction de son rendez-vous, tout semble normal, bien qu'il ne tienne pas en place. Arrivés au 47, rue Sainte-Anne, la rue est vide, personne ne nous attend. Je monte sur le trottoir, fais gronder la Mercedes, lance des appels de phares. Rien n'y fait, nos deux invitées ne répondent pas. Seuls des bruits d'une soirée agonisante nous parviennent.

Comment le roi des producteurs veut-il poursuivre la soirée ? À mon regard interrogateur, il répond par un regard assassin. Ses yeux reflètent un tel instinct destructeur, que pour la première fois, il me glace le sang. Jamais il ne m'a exprimé une telle antipathie. Je l'entends dire dans une colère démesurée :

– Bouge ton cul et vas voir où elles sont, ces deux-là !

Mis à part un service de sécurité et quelques membres du staff qui s'activent à remettre les lieux en état, pas de filles à l'horizon. De toute évidence, tout le monde est rentré. C'est ce que me confirme un gardien.

Lorsque je remonte dans le véhicule, lui expliquer la situation, en tentant de minimiser notre échec, la déception qui se lit sur son visage est immense, il est blanc de rage. Je n'arrive pas à lui faire comprendre qu'elles sont certainement parties en taxi en direction du Byblos, comme elles venaient de le faire entendre au téléphone… Prenant l'initiative, je démarre la voiture pour rejoindre le Byblos. Il ne dit pas un mot, un rictus terrifiant et inhabituel voile son visage. Alors que je tente de faire de l'humour sur cette mésaventure, subitement, une pluie d'insultes me submerge.

– *You're a fucking stupid driver, son of a bitch, bullshit driver, keep driving and fuck you*[27].

En montant le compteur à soixante-dix kilomètres-heure sur les routes sinueuses, bordées de pins parasols, qui mènent au Byblos, j'encaisse sans répondre.

Ne supportant pas mon silence, Harvey se transforme littéralement en dément et, brutalement, ce monstre m'assène un coup de coude d'une violence inouïe dans les côtes. La respiration coupée, suffoquant, je me cramponne comme je peux au volant pour maintenir la trajectoire de l'automobile et éviter un crash. Il enchaîne avec un autre coup de poing dans la nuque, cette fois je suis sonné, mais dans un réflexe de survie mon coude pare ses coups, tandis que mon bras gauche retient le volant.

Profitant d'une accalmie de sa fureur, je réussis à garer la voiture sur le bas-côté pour reprendre mon souffle tant bien que mal.

Le démon continue à proférer des insultes et des menaces de mort, en m'arrachant mes lunettes du nez pour les casser. Alors que je tente de les récupérer, ses mains de grizzly me

27. Tu n'es qu'un stupide chauffeur de merde, fils de pute, continue à conduire et ferme ta gueule.

tordent le poignet et luxent mon annulaire. Puis il reprend ses coups de coude et je me blesse le bras droit en me protégeant. Pour me faire peur, il a des mots de gangster.

– La mafia viendra te chercher, te foutre dans le coffre de ta voiture pour te faire disparaître, et personne ne saura où tu es, ni ta famille, ni ta femme, ni tes amis. Continue et je vais t'abattre comme un chien, espèce de merdeux !

Mon rythme cardiaque s'accélère, je me contiens jusqu'au bout, je prends sur moi. Je reste professionnel, malgré ses propos et son geste. Weinstein est une sorte de géant obèse, le gabarit au-dessus, et je suis capable de me défendre. Physiquement, je ne le crains pas. Mais son agression me peine beaucoup, les larmes me montent aux yeux, la crise de nerfs me guette. Je m'entends lui dire d'une voix trop aiguë :

– Tu vas arrêter d'être violent avec moi, tu te prends pour qui ? Tu n'es que le client que je conduis et respecte depuis bientôt sept ans. N'oublie pas que je suis ton prestataire de services ! Tes bassesses, tes manigances, ton addiction au sexe, tout ce que tu fais n'est pas normal, tu me fais honte. Sache que tu n'es ni mon patron ni mon dieu ! Si tu n'arrêtes pas ta brutalité et tes insultes, tu vas le payer cher ! Encore un faux pas avec moi et on passera dans la rubrique faits divers demain matin ! C'est ça que tu cherches, la merde ? Tu vas la trouver et tu n'auras le choix qu'entre le cimetière ou l'hôpital. Un coup de volant et c'est fini pour tout le monde ; un pin parasol ou un pin d'Alep, et on est vite arrivés dans le décor !

Pour la première fois peut-être de sa vie, il met sa ceinture de sécurité, se cramponne à la poignée latérale, et me dit :

– *Don't kill me*, et ramène-moi au Byblos. C'est ta faute si les filles n'étaient pas au rendez-vous.

– *Don't kill Mickaël, kill Bill !* Tes call-girls sont tes affaires de cul, ce ne sont pas les miennes.

Sa hargne reprend de plus belle et cette fois pour me lâcher un venin qu'il espère paralysant.

– Puisque c'est comme ça que tu vois les choses, alors plus jamais tu ne vas travailler ni pour moi, ni pour mes invités, ni pour mes amis, ni pour les Américains, ni pour personne, c'est fini pour toi ! T'es un homme mort.

Arrivée en fanfare devant le Byblos. Les pneus crissent dans le gravier. En le déposant, j'ai la rage au ventre et les larmes aux yeux de ne pas avoir pu lui rendre la monnaie de sa pièce. J'ai définitivement compris que j'avais affaire à un malade mental, à un vrai psychopathe. Je le plains à présent, parce qu'il est père de famille et que sa femme et ses enfants ne me sont pas inconnus. J'ai évité le drame, sa famille n'aurait pas compris mon geste de désespoir si je l'avais foutu dans le décor. Mon expertise de chauffeur et la sagesse de mon éducation m'ont fait éviter le pire.

Il sort du véhicule, en arrachant les câbles usb et les chargeurs BlackBerry que je lui ai achetés la veille, puis je l'entends me dire :

– Repars à la villa et ramène-moi les filles !

– Tu es définitivement malade, plus jamais je ne travaillerai avec toi.

Il est minuit trente, je rentre difficilement à mon hôtel, dans un état lamentable. Je réalise que le Viagra lui a joué un mauvais tour. Chimiquement parlant, une ingestion d'une pilule bleue de 100 mg favorise la stimulation de l'érection jusqu'à la douleur. Il n'a pas pu assouvir son besoin pour la soirée, cela l'a rendu fou et ingérable.

Sous la pression de cette situation brutale, je me surprends à hurler ma révolte et mon désespoir : « Pourquoi ? Pourquoi ? Il n'a pas le droit, il n'a pas le droit ! C'est intolérable ! »

Choqué, les nerfs à vif et complètement retourné, je reste sans voix, des ecchymoses dans le cou et sur le bras droit, des douleurs intercostales qui me gênent pour respirer, des difficultés à manier le volant avec un doigt peut-être cassé, le poignet sûrement foulé. Mon corps entier est douloureux, de la tête aux pieds. Mais le pire est ailleurs. Je suis écœuré, j'ai la nausée, mon cœur cogne dans ma poitrine comme un gong à mes oreilles.

Dans ce moment de désespoir, j'aurais pu me foutre en l'air, des idées noires m'ont traversé l'esprit. Je me suis senti complètement perdu en ramenant ma voiture à mon hôtel, j'ai vomi mes tripes sur la route... Très inquiet de mon état, j'informe Myriam de la soirée bouleversante que ce monstre m'a fait subir.

J'envoie un mail d'information également à ses assistants new-yorkais pour expliquer l'agression. Ils ne comprennent pas ce que je veux dire. Ce qui compte le plus pour eux, c'est de savoir qui va ramener le dragon le lendemain matin à l'héliport pour son vol de 10 heures, point barre. « Et à la rigueur en on parlera peut-être demain ou plus tard de ce qui s'est passé cette nuit. »

Myriam à Cannes ne tient pas dans son jus, elle décide d'appeler de son côté le bureau d'Harvey à New York, pour alerter ses assistants et demander des explications au sujet de cette agression gratuite.

00 h 49, premier appel, durée 15 secondes.

– *Hello*, je suis Myriam, la femme de Mickaël, le chauffeur de M. Weinstein. Je tiens à vous avertir que votre boss vient d'insulter et de frapper mon mari gratuitement et avec une violence inouïe. Est-ce que vous vous rendez compte de la gravité de son geste ? C'est un délit en France, nous allons déposer plainte à la police.

La déclaration de Myriam fait rire aux éclats, on lui répond d'une façon ironique :

– Ha, ha, ha ! Tu peux appeler la police, l'armée et la marine nationale si tu veux, mais tu ne pourras jamais rien faire contre lui. Sais-tu qui est Harvey Weinstein ? Ha, ha, ha !

Et là-dessus Jimmy lui raccroche au nez. Mais Myriam ne lâche pas l'affaire et rappelle aussitôt.

00 h 50, deuxième appel, durée 11 secondes.

Une voix féminine totalement hystérique, aiguë, dans un argot new-yorkais, évoquant les mêmes propos que ceux de Jimmy.

– *Hi*, c'est Hannah, qu'est-ce que tu veux ? J'ai l'impression que t'as pas bien compris ce que Jimmy vient de te dire, va te faire foutre chez qui tu veux !

Puis Hannah raccroche une seconde fois au nez de Myriam. Mais mon épouse, tenace, rappelle une troisième fois.

00 h 51 troisième appel, durée 3 minutes et 40 secondes.

Jimmy répond à nouveau.

– *Hi*, c'est Jimmy, qu'est-ce que tu veux, encore ?

– Écoutez-moi bien, si vous n'êtes pas aussi sadique que votre patron ! Vous ne me connaissez pas et vous ne savez pas non plus qui je suis. Faites attention à vous et votre boss ! Ce qu'il a fait à mon mari est très grave. Interdit par la loi et puni au pénal en France ! C'est un malade mental, un psychopathe, et nous allons déposer plainte contre lui au commissariat de police, car ça ne va pas se passer comme ça !

Bizarrement, cette fois-ci Jimmy a écouté religieusement Myriam, je pense que la conversation fut enregistrée après une prise de conscience de la gravité de la situation.

Myriam me rappelle quelques minutes après pour me tenir au courant du résultat de sa conversation avec les assistants :

Jimmy et Hannah, apparemment, ne voulaient rien entendre et soutenaient à cent pour cent leur patron quoi qu'il arrive.

Vers 3 heures du matin, je reçois un coup de fil d'Harvey, sûrement alerté par ses assistants.

– *Hi* Mickaël, tu sais qui je suis, depuis le temps que tu me connais, n'est-ce pas ? Moi j'ai oublié ce qui est arrivé. Alors il faut que tu oublies cette histoire et tout ce qui s'est passé ce soir. Tu ne peux rien faire contre moi et tu le sais, donc je te conseille de fermer ta gueule, ce n'est pas la peine d'alerter la police ni la justice, ils ne pourront rien faire contre moi ; il faut calmer aussi ta femme et lui dire d'arrêter d'appeler mon bureau. Elle ne pourra rien faire non plus ! Tu sais très bien qui je suis ! Tu m'envoies ton chauffeur Georges demain matin, sinon tu ne seras jamais payé de tes factures, ni du festival, ni de Saint-Tropez ! Bonne nuit.

– Non, Harvey, je n'oublierai jamais ce qui vient de se passer ce soir. Je t'envoie Georges pour te ramener à l'héliport demain matin. Mais en ce qui me concerne, je ne te conduirai plus jamais de ma vie. Je vais calmer ma femme, sinon elle est capable de venir maintenant au Byblos te faire un scandale et d'appeler les gendarmes… Je t'envoie mes factures cette semaine, si tu ne me payes pas, c'est mon avocat qui t'appellera ! Et la prochaine fois un comité d'accueil te recevra quand tu remettras les pieds sur la Côte d'Azur.

Il est 4 heures du matin, je suis pris d'angoisse, du fait que ni Jimmy ni Hannah ne s'inquiètent outre mesure de ce qui vient de se passer avec leur patron. Il ne manquerait plus que les factures de Weinstein ne soient jamais payées. Dans le fond de ma trousse à pharmacie, je mets la main sur du Lexomil, j'avale une barrette entière pour me calmer. Depuis que je conduis pour Harvey, je me suis habitué petit à petit à consommer des antidépresseurs ou des anxiolytiques pour faire tomber la tension nerveuse et l'anxiété pendant ou après mes services. Parfois il m'arrivait d'en consommer en début de mission, pour supporter les chaleurs de ce client difficile.

Avant que le comprimé commence à faire son effet, j'envoie un message à Georges pour lui confirmer le transfert de 10 heures du matin en départ du Byblos vers l'héliport. Je me sers un Perrier, je me mets à l'aise et machinalement j'allume une cigarette, en zappant sur les chaînes de télé du monde entier. Je pense à Myriam. Tiens ! elle m'appelle pour m'annoncer son arrivée demain matin au petit-déjeuner. Elle ne conduit pas, sinon elle serait venue en pleine nuit. Je suis rassuré, la pression retombe petit à petit. À peine allongé, je me sens happé par le sommeil. J'ai encore la voix de Maxime qui revient résonner brusquement dans mon subconscient, sa phrase revient sans cesse : « Parce que je te le dis, celui qui acceptera de conduire Harvey Weinstein, c'est droit dans le mur qu'il ira, qu'il ira, ira, ira, ira, ira… »

31

Le mal-être

– Mickaël, Mickaël, c'est moi ! Myriam ! Tu m'ouvres ?

Je me réveille en sursaut, que m'arrive-t-il ? J'ouvre les yeux, il est 10 h 30. Quelqu'un frappe avec insistance à la porte de ma chambre. Je me précipite pour ouvrir, Myriam tombe dans mes bras, me serre fort contre elle, nous pleurons tous les deux.

Les bagages, un café. Le temps de raconter la soirée d'hier. Elle m'écoute attentivement, serre les dents à plusieurs reprises. Myriam suggère de reprendre la route tranquillement vers la maison car, me dit-elle, nous avons des décisions importantes à prendre, à tête reposée, au sujet de cette sale affaire. Le retour vers Cannes se passe sans encombre, mais une fois arrivé je suis pris de malaises et de nausées. Le médecin constate mes blessures et les traces de coups de la veille. Plus grave, il détecte un état de choc psychologique et me prend rendez-vous sur-le-champ chez un psychiatre.

Le diagnostic du psychiatre, consulté le lendemain, est sévère. Il décrit un état de trouble anxio-dépressif, en relation avec des difficultés professionnelles, et lié à un syndrome d'épuisement associé à une agression physique et psychologique. La consultation a duré plus de deux heures, j'ai dû raconter des choses pénibles sur la prestation fournie à la Weinstein Company, bien antérieures à l'agression. Je me vois prescrit un traitement médicamenteux ainsi qu'une interdiction de reprendre le volant, ce qui me prive de la possibilité de travailler au sein de ma société de limousine.

– Dans l'état où est votre mari, explique-t-il à Myriam, il pourrait faire une grosse connerie au volant ; il suffirait qu'un client ait une phrase malheureuse, qui lui rappelle M. Weinstein.

C'est un très vieux monsieur au visage ridé, près de la retraite, il évoque les petits vieux ratatinés assis devant leur maison, dans les villages perchés de l'arrière-pays de la région PACA. Je me demande ce qu'il peut comprendre de l'agitation du Festival de Cannes, de la danse des ego et des appétits, des belles juments que dévore le dragon. Je proteste contre son jugement : il est en train de me faire passer pour un demi-fou !

Pourtant, dès les jours suivants, je sombre peu à peu dans une dépression nerveuse. Quand Myriam part travailler, je m'enferme dans ma chambre, les volets clos, sans lumière. Une fatigue intense envahit mes muscles, je me désintéresse de tout. Ne répondant plus au téléphone, je n'ai plus d'énergie, plus de motivation.

Très inquiète, Myriam rappelle le psychiatre. Il prend la peine de venir en taxi, c'est exceptionnel, avertit son assistante. Mon état ne le surprend pas ; il craint même qu'il perdure. Pour me donner un statut médical, il diagnostique un burn-out ! Déclaré au RSI… Je suis pris en charge à cent pour cent par la Sécurité sociale jusqu'en 2020. Son traitement est un coup de massue médicamenteux, là où Myriam attendait un adepte des médecines douces.

– Theralite LP 400 mg pendant 3 mois 2 comprimés par jour.

Suite du traitement après l'arrêt de la Theralite LP 400 :

– Dépamide 300 mg à vie 2 comprimés matin et soir ;

– Lexomil 6 mg 1/4 3 à 4 fois par jour ;
– Norset 15 mg 2 comprimés le soir ;
– Noctamide 2 mg 1 comprimé le soir au coucher.

Ma maladie a été plus qu'une saison en enfer.

Je renonçais à tout, je ne voulais plus rien, je voulais disparaître, je n'étais plus personne, je n'avais plus besoin de personne. De temps à autre j'émergeais de ma torpeur, à mon chevet Myriam était là, en train d'essayer tout doucement de me faire goûter un potage affectueusement préparé. Je refusais d'un revers de la main et, me saisissant de la bouteille d'eau au pied du lit, j'avalais de grandes gorgées en lui demandant de me laisser dormir. Mes moments de lucidité étant insupportables, je tentais de les effacer. Myriam, toujours aux aguets, fut alertée un soir par des bruits suspects venant de ma chambre. Essayant de me parler, elle s'aperçut qu'un tube de comprimés était éparpillé sur l'oreiller. Affolée, elle contacta le médecin, qui me plaça sous surveillance pendant vingt-quatre heures. Désormais, Myriam prenait soin de mettre les médicaments sous clé.

Myriam s'active, elle téléphone partout, sort par n'importe quel temps avec son vélo, parce qu'elle a décidé de se battre contre le monstre. Elle voulait minimiser les frais et donner congé au trois-pièces que nous occupions, et provisoirement décida d'occuper les bureaux du dispatch de la société MC Drive Limousine, un studio ridiculement petit, mais équipé d'une kitchenette et d'une douche. Le propriétaire profite de notre désarroi. Avec un mari malade au fond du lit et sans limousine en attente de mission sur le parking, il panique au moindre retard de loyer, nous traite soudain comme des étrangers dont il se méfie. Effectivement, une fois le loyer payé, ainsi que l'EDF et le téléphone, l'argent manqua.

Vers qui se tourner ? Tour à tour, nous tentons notre famille. Chacun de nous deux, dans des moments de prospérité, a été généreux avec sa parentèle. Mais le temps a passé et le rythme de chauffeur de grande remise ne favorise pas les échanges traditionnels de Noël, du Nouvel An, de Pâques ou de l'été. Au contraire, ce sont les périodes d'apparition des clients. La famille a oublié les gestes passés, elle a ses propres soucis, il faut nous débrouiller seuls.

Neuf mois passent. Myriam prend les devants et décide deux choses importantes : primo, avec l'aide de mon comptable, elle dissout la société MC Drive Limousine et stoppe ainsi toute hémorragie financière en déposant le bilan, en fermant tous les comptes bancaires et tous les comptes tout court. Secundo, avec l'aide de mon avocat, maître Bernard Sivan, je dépose une plainte au commissariat de police de Cannes pour violences volontaires, menaces de mort, coups et blessures, contre Harvey Weinstein.

Je continue les consultations chez le vieux psychiatre : une à deux fois par mois. Il me laisse parler, mais au début je ne dis rien. La situation n'invite pas à la confession. Le thérapeute ne me regarde pas, des petits gribouillis accaparent son attention ; et Myriam qui écoute comme si je détenais un secret ! Parfois elle intervient, elle cherche à m'aider, elle veut remonter à des blessures d'enfance, mais le vieux n'est pas d'accord : pour lui, l'urgence était de guérir une blessure et non pas d'en ouvrir une autre. Plus tard peut-être, si la psychanalyse m'intéressait. Mais, pour le moment, une mue devait s'opérer, je devais me débarrasser de ma peau morte, aider la nouvelle à naître.

Par où commencer ? Il y a trop d'éléments que ce vieillard ignore : le monde de la chauffe, le rythme du Festival de Cannes, les meetings, les projections, les boîtes de nuit ;

le pouvoir du producteur, toutes ces jeunes femmes, les partouzes… Je suis découragé d'avance, épuisé sans avoir prononcé un mot. Comment lui décrire la personnalité de Weinstein, sa soif de succès, son humour carnassier, sa cruauté, comment il blouse des très belles femmes qui doivent le trouver gros, moche et dégueulasse ? En deçà du bref épisode de l'agression, comment lui expliquer qui est ce manipulateur de génie, qui parle comme à Rungis et s'est mis le milieu du cinéma mondial dans la poche, avec les médias et les politicards ? J'ai trop honte de raconter que je fus le premier à tomber sous le charme, alors que j'étais dans sa loge, à le regarder péter et roter son Coke Light tous les jours !

Dès mon deuxième rendez-vous chez le psychiatre, je me sens plus en confiance, mais l'accueil est encore plus intimidant que le premier. Une fois assis, j'entends :

– Comment ça va, monsieur Chemloul ? Je vous écoute !

Je me cale dans mon fauteuil et lui livre ma rumination silencieuse. J'ai l'impression de parler beaucoup, ça cogite dur dans ma tête, un flot ininterrompu de paroles, un brouhaha de pensées sans le son. De son côté, il n'est pas pressé, il ne questionne pas, il ne relance pas, il gribouille ses petits dessins débiles (que cela prendrait du temps, il l'avait compris) !

Sans dire au revoir, je me suis retrouvé dans la rue à attendre Myriam. J'étais persuadé de m'être longuement épanché. La désillusion est immédiate : elle sort enfin et passe devant moi d'un pas précipité, m'ignorant, elle se dirige vers la mer. Je cours derrière elle.

– Chérie, chérie !

Elle s'arrête net, me fait face et me lance :

– Mickaël, tu es traumatisé, tu souffres. Il y a toi, mais il y a les autres aussi ! Moi par exemple, et puis je ne supporte pas ton impolitesse devant le psy, ton mal-être n'excuse pas tout, tu n'as pas le droit. Ressaisis-toi et reste digne.

Mon mal-être inquiète Myriam depuis plusieurs mois, ce désarroi m'aide à me questionner et à relever la tête.

– Bon sang, il t'a frappé, c'est d'accord, mais tu es costaud, tu es fort comme mec ! Il a touché au mental, c'est pas des bobos physiques qui te mettraient dans cet état ! Cette blessure mentale, tu dois la cicatriser.

Elle me prépare à chaque séance, m'oblige à exprimer ma parole intérieure, à dévoiler les choses intimes, à éviter les généralités et les faux-fuyants. Ça m'aide.

Les autres rendez-vous changent pour une autre raison. J'explique au médecin que j'entame une thérapie par l'écriture sur les conseils de ma femme. Il est très intéressé, me félicite et m'encourage à continuer. Je suis persuadé que mes écrits l'intriguent, cela m'aide à parler, mais j'ai toujours du mal à être personnel à l'oral. La quatrième ou cinquième séance, il demande à lire quelques pages. Myriam en a imprimé. Ce jour-là, il apprend davantage sur moi que lors des séances passées. En partant, il a un sourire craquant de petit vieux et me dit que je suis sur la bonne voie. Après Myriam, il a été mon premier lecteur.

La thérapie par l'écriture, qui y croit ? Écrire me désinhibe, me décoince, me permet d'être moi-même. Mes sentiments courent tous seuls sur le papier, je n'ai rien à cacher, rien à déguiser. Je jette des notes sur mon service auprès d'Harvey Weinstein, pas seulement le factuel, tout ce qui l'accompagnait : tout mon ressenti de ces moments-là. Et pour m'aider, je compulse des vieux *schedules* de la Weinstein Company, des plannings de projections des différents festivals. Ce labeur m'aide à écarter la souffrance.

Dès les premières pages, le sentiment d'être écouté et compris m'enveloppe, je ne suis plus tout seul. Peut-être parce que Myriam me lit discrètement dès les premières lignes, alors que je lui cachais tant de choses. J'écris pour me taire. Je m'aperçois de jour en jour que l'écriture est devenue indispensable à mon quotidien, une discipline, un refuge, une passion. Je découvre ses diverses vertus, entre autres un moyen de régler ses comptes ; comme si je tirais avec une kalach sur Weinstein, coincé par son gros ventre dans un couloir.

Lassé de l'effet qui accompagne les médicaments, je décide de diminuer les doses des timo-régulateurs, des somnifères et des antidépresseurs. Le vénérable médecin est d'accord. Le traitement de choc est réduit de moitié. Je passe d'un état comateux à un état cotonneux. Maintenant que j'ai bien léché le fond chloré de la piscine, remonter à la surface, sortir la tête hors de l'eau, me paraît un sort enviable.

Début du printemps 2014. Je reprends goût à la vie. Je décide d'arrêter tous les médicaments, jetés à la poubelle dans un mouvement d'humeur. Je me contrefous des risques, je n'en peux plus de l'effet ouaté que je ressens toute la journée. Le psychiatre est réticent. Je reconnais que je suis encore fragile, mais lui explique que mon corps n'est pas une poubelle. Surtout, le vieux praticien déteste l'homéopathie et toute la médecine alternative. Or, sous l'influence de Myriam, je préfère les plantes aux médicaments. Ce psychiatre trop positiviste ne croit pas à Euphytose pour calmer mon stress, ni au L72 pour mieux dormir. On finit par se mettre d'accord autour d'un possible effet placebo. La lecture, la pêche, la marche et le vélo me font également beaucoup de bien.

Je renoue le contact avec le monde extérieur et avec le peu de clientèle qui me reste. En feuilletant mon calepin, j'arrive à me faire embaucher en tant que chauffeur VTC, les clients me font changer de milieu et gagner ma croûte. Ma léthargie s'évapore tout doucement.

32

Le retour

Pour vraiment m'en sortir financièrement, il fallait que je reprenne la chauffe. Chez un collègue gérant de société, avec les quelques clients conservés, je reprends la conduite pour les congrès. Je négocie une commission de 20 % sur le chiffre d'affaires généré avec mes clients. Quand l'été arrive, une autre clientèle déferle sur la Croisette, des touristes du Moyen-Orient et notamment un neveu du roi Salman, un prince très correct, qui me permet de compléter mes mois d'hiver, saison où l'activité est ralentie sur la Côte d'Azur.

Ce mois de mai 2014, le festival démarre en fanfare, Cannes fait le plein de curieux, de festivaliers, de stars… Évidemment, Harvey Weinstein est de la partie et il descend comme d'habitude à son hôtel favori : le Majestic. Ses bureaux de production sont toujours situés au 4, rue des Serbes, à l'angle de la Croisette ; ses assistantes ne changent pas non plus cette année et David Glasser est toujours vice-président. La seule chose qui change, c'est le chauffeur ! Ce n'est plus moi évidemment, mais un autre… Reste à savoir qui est cet autre chauffeur ? Qui s'est mis au service de Weinstein ?

Il se trouve que je suis en dispo au Majestic avec Rob Friedman, un producteur américain, le genre très classe, le patron de Lionsgate Films, qui produit et distribue des superproductions comme la *Twilight Saga* ou *Hunger Games*.

Dès que j'arrive au Majestic, les chasseurs, les voituriers et les concierges me saluent courtoisement.

– Salut, Mickaël ! Où étais-tu passé ? T'es pas avec Harvey Weinstein ? On a remarqué un chauffeur italien, un tocard qui le conduit depuis deux jours. C'est ton chauffeur ou quoi ?

– Je ne travaille plus pour ce gros porc d'Harvey depuis l'été dernier, il a levé la main sur moi, à Saint-Trop'.

– Pourquoi ?

– À cause de deux call-girls, il est devenu fou, violent, complètement dingue.

– Quelle histoire ! Bon courage, Mickaël, de toute façon il a toujours été ingérable, me lance un des plus anciens voituriers.

Je descends garer mon véhicule au sous-sol du palace lorsque je croise un chauffeur, l'air complètement hagard, les yeux rivés sur un plan de Cannes étalé sur le capot de sa voiture. En anglais, mais avec un accent italien, je l'entends dire :

– *Ciao* ! s'il te plaît, je suis dans la *merda* ! Tu peux me dire où se trouve la Baola à Cannes ?

À son visage rouge et transpirant d'inquiétude, je devine que c'est lui le nouveau chauffeur de Weinstein.

– Bien sûr, le Bâoli, c'est pas loin d'ici, c'est au port Canto au bout de la Croisette en sortant à gauche. Mais dis-moi, tu travailles pour Harvey Weinstein toi, n'est-ce pas ?

– Comment tu sais ?

– On t'a déjà vu avec lui, comment tu t'appelles ?

– Roberto, enchanté, et toi tu t'appelles Mickaël, c'est donc toi l'ancien chauffeur de Weinstein ! On m'a déjà mis au courant en Italie, à Roma…

– Monika chez Palazzi avec Francesco !

– Tu les connais ? Tu connais Monika aussi ? Elle est à Cannes avec moi, nous partageons le même hôtel, c'est incroyable !

– J'ai travaillé pendant six ans pour lui. Au début, c'est Monika qui m'a mis sur la mission, après les choses ont changé, c'est la vie… Aujourd'hui, tu vois, c'est toi qui le conduis, je te souhaite bon courage.

– Merci, Mickaël. Ma carte avec mon numéro, on peut garder le contact, comme tu connais ses habitudes à Cannes, ça pourrait me servir si tu veux bien !

– On en reparlera, on va sûrement se croiser pendant le festival. À bientôt, Roberto.

– *Ciao*, Mickaël, et merci pour ton aide.

Je suis dans le feu de l'action du Festival de Cannes et pourtant, malgré ce producteur américain très chic que je conduis, il me suffit d'être devant le Majestic pour comprendre que je ne conduirai plus jamais comme avant. Son nouveau chauffeur est dans la Mercedes classe S qui se trouve juste en face de moi, à la place que j'occupais. La nostalgie et un sentiment d'injustice m'envahissent : hier les concierges, les bagagistes et les chasseurs m'adulaient, j'étais l'un des seuls *drivers* autorisés à rester devant le palace, aujourd'hui il m'est poliment demandé de dégager mon véhicule. Tout cela est risible, je suis ridicule, une page s'est tournée. Mais j'ai du mal à réaliser que dix mois se sont écoulés depuis le clash de l'été dernier à Saint-Tropez. J'attends un retour de mon dépôt de plainte contre Harvey Weinstein, pour violences volontaires et menaces de mort, comme si elle datait d'hier.

Je suis en stand-by dans ma voiture quand mon client du festival, M. Rob Friedman, arrive vers moi d'un pas décidé, accompagné d'Eric Fegh, son directeur de production, et de Damien Chazelle, un jeune réalisateur qui a le vent en poupe. Rob me demande de les déposer au Cap d'Antibes, au restaurant de l'Eden-Roc. Parvenus au Cap, mes trois passagers se dirigent vers le restaurant de l'hôtel. Je gare mon véhicule comme à mon habitude devant et, par politesse, je vais saluer les chasseurs qui m'accueillent à bras ouverts, tout sourire.

– Salut, Mickaël ! Comment ça va depuis l'année dernière ?

Je les entends me poser les mêmes questions que celles du personnel du Majestic.

– Qu'est-ce qui se passe ? C'est qui ce chauffeur avec Harvey ? C'est toi qui lui as mis dans les pattes ? C'est pas une flèche le mec, il ne comprend rien, tu l'as trouvé où ?

Je me sens obligé de leur expliquer la situation avec Harvey, ils restent bouche bée. Pendant ce temps-là déboulent deux assistantes d'Harvey, qui me saluent de loin comme si tout était comme avant, puis à quelques pas derrière elles je remarque Roberto, son chauffeur italien au volant de sa voiture. Une montée d'adrénaline me fait réaliser que le monstre va surgir d'une seconde à l'autre… Harvey arrive face à moi, comme par un sortilège, et marque un temps d'arrêt ensorcelant. Sur un ton ironique, il me pointe du doigt.

– Tu vois où ton comportement t'a mené. Tu pourrais remonter sur le trône si tu voulais.

– Sur l'échafaud, tu veux dire. Garde ta place, vieux pervers !

Il se met alors à crier à la cantonade, sa grosse main en entonnoir autour de la bouche.

– Tu as été viré, Mickaël. Je t'avais dit que tu aurais du mal à travailler !

– Harvey, va faire ton cinéma ailleurs ! Ici je suis dans mon pays, je travaille avec mes clients, mêmes s'ils sont américains, je fais ce que je veux, où je veux, et ce n'est pas toi qui vas m'interdire de travailler chez moi !

Les chasseurs et le concierge sont gênés. Afin de me protéger, ils me préviennent par gestes de la présence de caméras au-dessus de nous. C'est à ce moment-là que Rob Friedman et ses invités sortent à leur tour et me surprennent à parler vivement avec Harvey.

Encore sur les dents, je roule vers Cannes en compagnie de mes passagers. À mi-chemin Rob Friedman me dit :

– Je t'ai vu parler avec Harvey Weinstein tout à l'heure, tu le connais ?

– C'est une longue histoire, monsieur Friedman, il a été mon client durant des années pendant le festival et l'été à Saint-Tropez. Mais il m'a insulté, frappé et menacé de mort, l'été dernier.

– Ça ne m'étonne pas de lui, mais pourquoi ?

– À cause de deux call-girls absentes, il m'en a tenu responsable. Cette histoire m'a rendu tellement malade que, pour le besoin d'une thérapie, j'ai commencé à écrire un récit autobiographique qui parle de mes années de chauffeur avec lui.

Tout le monde est surpris, interdit même. Dans le rétroviseur, je vois leur bouche en cul-de-poule, comme si je préparais un attentat contre le président des États-Unis.

– Non ! c'est pas vrai !

– Mais si, je vous promets, regardez, j'ai même préparé un synopsis en anglais, le titre pour le moment est : *The Last Hollywood Monster*. Je suis au début du manuscrit et j'ai hâte de le finir.

– *Well done*, Mickaël, finis ton histoire, dit Rob, et qui sait, peut être que, mégalo comme il est, il va t'acheter les droits pour faire un film d'auteur sur sa vie cannoise. De toute façon, c'est un vrai malade, ce mec ! Il faut que tu le saches Mickaël, tu n'as rien perdu ; nous-mêmes, combien de fois il nous a manqué de respect à Los Angeles ! Alors, imagine ce qu'il peut se permettre avec un chauffeur. Oublie-le.

Je comprends bien que la remarque de Rob Friedman est ironique, qu'il ne croit pas à la possibilité de publier mon histoire. Mais après avoir déposé mon client et Eric Fegh au Majestic, Damien Chazelle me demande gentiment de le ramener à son hôtel, le Gray d'Albion, situé une rue derrière.

– Tenez, je vous rends votre synopsis ! Les orgies d'Harvey Weinstein en limousine à Cannes, c'est un scoop ! Seulement, il est très puissant aux États-Unis et sans doute en France. Imaginez qu'il tient les médias américains depuis les années quatre-vingt-dix ! Vous vous rendez compte, ça fait une génération qu'il fait la pluie et le beau temps dans le cinéma indépendant !

– Mais gardez le synopsis, j'en ai d'autres. Si quelqu'un adapte mon livre au cinéma, on pourrait avoir plus de succès qu'avec *The Artist*, dis-je en rigolant.

Damien éclate de rire.

– Je ne connais que deux ou trois réalisateurs qui ont osé le critiquer publiquement. Weinstein produit et distribue trop de films, s'opposer à lui, c'est se retrouver au chômage, ou ne pas obtenir les actrices que l'on veut ! Tu devrais lire le livre de Peter Biskind, c'est le seul journaliste à avoir osé lui tailler un costard[28]. Mais tiens, note mon adresse mail et, quand ton manuscrit sera fini, envoie-le, je le lirai volontiers…

– OK. Merci, Damien, voilà mon contact. À bientôt, et bravo pour ton *Whiplash*. N'aie pas peur, ça va cartonner !

Je suis un peu refroidi par l'information, mais l'importance thérapeutique de mon sujet est telle que le succès de mon livre est secondaire.

Je dévore l'ouvrage de l'ancien rédacteur en chef de la version américaine de larevue *Première*. C'est une mine d'infos sur le cinéma indépendant américain des années quatre-vingt-dix, qui serait resté confidentiel sans les frères Weinstein et Robert Redford. Le Festival de Sundance (créé par Redford) et Miramax ont été les deux piliers du film d'auteur, ils l'ont fait sortir des salles d'art et d'essai.

28. Peter Biskind, *Sexe, mensonge et Hollywood*, paru en 2004 aux États-Unis sous le titre *Down and Dirty Pictures: Miramax Sundance and the Rise of Independant Film*, traduit en français en 2006, aux éditions du Cherche-Midi.

« Redford et Weinstein paraissent à des années-lumière, la classe d'un côté, le trash de l'autre, mais ils incarnent le yin et le yang de l'univers indépendant. (…) Tous deux ont pour habitude de tirer au bazooka sur leurs contradicteurs », poursuit Peter Biskind. Voilà pourquoi mon projet laisse interdits des gens puissants comme Friedman.

Je comprends que mon livre a très peu de chances de voir le jour, sans parler d'un film. Pourtant, rien ne m'empêchera de continuer à écrire mon histoire sur le monstre. Pour récolter toutes les anecdotes qui me reviendraient à l'esprit, je m'équipe d'un dictaphone. Il n'est pas question que je perde une miette de ce qui s'est réellement passé. Rien ne doit s'échapper. À chaque instant de la journée où je suis en stand-by, je replonge dans ma mémoire et j'écris au dictaphone, jusqu'à parfois oublier le client qui vient frapper à la vitre pour me rappeler à l'ordre.

Le Festival du film se termine par *Winter Sleep*, un film turc de 3 h 15 qui reçoit cette année la Palme d'or. Il relate l'histoire d'un dramaturge à la retraite qui se croit bon et raisonnable, jusqu'à ce qu'il découvre que ceux qui l'entourent n'ont pas vraiment le même jugement.

Le lendemain, Cannes se vide de ses curieux, de ses festivaliers et de ses stars. Place au démontage, aux semi-remorques qui déménagent le Palais des festivals, les plages, les échafaudages supportant les affiches de films, les podiums représentant les caricatures et les effigies liées au cinéma. Cannes est rendue à ses habitants. Un sentiment étrange m'envahit, je replonge dans la déprime. Au minimum, une confrontation aurait dû être organisée suite à ma plainte, il n'en a rien été.

34

Affaire classée ?

Fin juin 2014, mon avocat m'informe que mon dossier est en cours d'enquête depuis le 13 juin 2014 au commissariat de Fréjus. Six mois plus tard, le 17 novembre 2014, je reçois un avis : « Affaire classée sans suite de la plainte », car les faits ou les circonstances des faits de violences avec ITT (Interruption Temporaire de Travail) inférieurs ou égaux à huit jours, menace de mort et chantage, n'ont pas pu être clairement établis par l'enquête. Après avoir insisté auprès du procureur de la République, il nous a été répondu : absence de témoins, le mis en cause n'a pu être entendu car il réside aux États-Unis ; en outre, la plainte a été déposée dix mois après les faits, ce qui la rend fragile. C'est parole contre parole.

Il est tard, Myriam s'est endormie. J'imagine mon dialogue avec la Justice. À l'époque, la ministre de la Justice est la bouillante Christiane Taubira. Je pense qu'elle aura une influence sur la décision, elle déteste l'injustice (comme moi) et a certainement donné des consignes. Reste que la Justice est impartiale, détachée des intérêts partisans. Dans ma jeunesse, j'ai étudié la gestion et un peu de droit. L'image d'une femme hiératique avec un glaive et une balance m'est restée gravée dans l'esprit. Cette femme incarne pour moi l'objectivité de la Loi. C'est bien ainsi qu'elle m'apparaît, elle n'a pas changé, la pureté de sa silhouette de marbre en impose. Mais de mon côté, je suis très remonté, pas disposé à accepter des salades.

– Oui, excusez-moi, madame la Justice, j'étais au fond du puits, affaissé, démoli de l'intérieur, comme si un tremblement de terre avait détruit mes fondations. Trop occupé à lutter pour ma survie, je n'ai pas songé à poursuivre le responsable le lendemain de l'agression. J'ai mis dix mois pour déposer ma plainte. Est-ce un motif pour innocenter le coupable ?

Avec ses yeux vides de statue grecque, la déesse Justice me fixe.

– Une plainte avec un ITT ou sans ITT inférieur ou égal à huit jours est d'office classée sans suite, me répond-elle d'un ton trop monocorde.

– La justice française m'a lâché, elle ne m'a pas écouté malgré la gravité des faits. Je suis mortifié, on se moque des citoyens !

Le visage de la déesse prend des couleurs, son teint d'albâtre se met à rosir. Elle tend sa balance de bronze en avant, comme un argument. C'est un vieux système, avec deux plateaux et un fléau.

– Je pèse chaque chose pour le bien commun, le poids de la victime Mickaël Chemloul et ses dommages, et celui du mis en cause Harvey Weinstein.

– Il doit faire cinquante kilos de plus que moi, madame !

– Silence ! le mis en cause Harvey Weinstein a beaucoup réalisé et œuvrera encore beaucoup pour le cinéma français qu'il admire, il fait travailler nos actrices, il dépense sans compter à Cannes et…

– C'est à cause de la Légion d'honneur ?!

– Silence ! Citoyen ! Vous voulez comprendre ma décision ou non ? Grâce au mis en cause Weinstein, l'État français est plus fort, vous devez accepter vos dommages, la Loi vous demande ce sacrifice pour le bien de tous.

– Harvey Weinstein pourra ainsi continuer à sévir, à harceler, à brutaliser les hommes et les femmes susceptibles de se trouver sur son chemin dans les villes de la Côte d'Azur et d'ailleurs ?

– Il existe un ordre des choses, un fragile équilibre dans l'univers, si le dénommé Weinstein le compromet par des crimes excessifs, sa punition sera terrible.

Je dois prendre mon mal en patience, attendre le faux pas impardonnable, la jeune fille de milliardaire violée, un producteur important jeté à la mer, un chauffeur avec un œil percé par une fourchette. C'est possible, je le sais. La sauvagerie fait partie de sa personnalité, je l'ai vu à l'œuvre pendant des années et l'ouvrage de Biskind montre de quoi qu'il a été capable professionnellement pour devenir « Dieu », comme l'a nommé Meryl Streep. Dans son bureau à Miramax, il y avait une batte de base-ball bien en évidence, pour dresser les récalcitrants sans doute…

En juillet 2015 je perds ma mère à Paris, Harvey Weinstein perd la sienne à New York quelques mois après. Coïncidence ou concours de circonstances ? J'y vois un signe de plus, nos destins sont liés, je n'en ai pas fini avec lui, un événement va arriver, la boucle va se fermer. Je l'avais admiré et il m'avait appris comment me faire respecter socialement ; puis je l'avais haï pour son indifférence à l'humanité, parce qu'une personne devait gagner des millions de dollars pour exister à ses yeux. Je n'arrivais pas à le cerner psychologiquement, il avait tout obtenu et rien ne le contentait ; quand il était gai, il pouvait instantanément changer d'humeur et devenir brusquement colérique et tyrannique, brutal et cruel. Mais j'ai dépassé le désir de comprendre : je rêve d'action, d'une punition exemplaire, qu'il souffre comme j'ai souffert.

Avant que ma mère ne vienne à disparaître, Dieu ait son âme, j'allais souvent avec Myriam lui rendre visite à Paris, où elle habitait depuis les années soixante-dix, surtout quand je la savais souffrante. Elle appréciait énormément Myriam, qui s'occupait d'elle à chacun de ses séjours à Cannes. La Croisette lui rappelait la baie d'Alger, son pays natal. C'est difficile à croire, mais ma mère adorait Harvey Weinstein. Ma mère aime le mot « américain », cela lui vient de son enfance. D'ailleurs, elle l'appelait Hervé l'Américain et associait son nom avec celui d'Albert Einstein le physicien.

– Einstein, Weinstein, c'est très proche.

– Mais maman, il y a un W entre eux, ça suffit à voir qu'ils n'ont rien en commun !

– C'était bien des réfugiés, ils ont fui le nazisme ?

– Les pogroms, pas le nazisme, mais ce sont des réfugiés, oui.

– Alors leur nom a pu être déformé en entrant aux États-Unis. Un employé a pu leur ajouter un W. Regarde notre nom à nous, déformé par l'administration française.

– …

– S'il est de la même famille, ça doit être une tête, ton Hervé. Alors, me lance-t-elle, l'Américain est-il venu cette année au festival, et n'essaie pas de me mentir ; dis-moi, il t'a payé au moins l'Américain, ou pas encore ? Comment tu fais pour couvrir tes frais sinon ?

– Je pense que cette fois-ci ils vont me payer, je viens d'envoyer une relance au bureau de New York.

– Eh oui, mon fils, c'est toujours comme ça avec les Américains, ils sont durs en affaire et lents à la détente. Ton Hervé me fait voyager très loin dans le passé, dans mon adolescence.

Bien sûr, j'avais exigé un récit détaillé.

– Nous étions dans les années quarante, j'étais l'aînée de huit enfants, j'avais douze ans, l'âge d'une gamine, j'allais à l'école Chazot, une chance inouïe pour une indigène. Mes parents m'ont mariée à l'âge de quinze ans et demi. C'était dans les usages à l'époque, après la puberté une fille devait être mariée. À quinze ans, j'étais responsable de toute la famille, y compris de ma mère, qui était illettrée et vivait recluse chez elle.

– Pourquoi personne jusqu'à présent ne m'a raconté ça ?

– Écoute mon fils, je ne sais pas. L'histoire de ton père, coiffeur et militant du FLN, arrêté en 1956, a eu le monopole ! Mais la mienne a son charme, parce qu'il y a une similitude avec ton Américain. À cette époque, les nazis faisaient la pluie et le beau temps à Alger, mon père travaillait pour les Américains. Tu sais que c'est avec leur aide que l'Algérie a été indépendante.

– Que faisait le grand-père M'hamed comme job ? Dis-moi, maman.

– Ton grand-père travaillait comme chauffeur et homme à tout faire au consulat des Amériques. Oui, mon fils, ton grand-père était très proche du consul des États-Unis. Il était à son service pendant la seconde guerre mondiale et bien après. Il m'a amenée plusieurs fois au consulat, j'ai connu M. Charles Greulet en personne et joué avec ses enfants. Un grand bonhomme, gentleman, généreux, une famille charmante. Nous ne manquions de rien à la maison, pendant que tout le monde crevait la dalle ou presque. Tout venait des Amériques, y compris la farine blanche pour faire le pain. Charles Greulet et ton grand-père chassaient ensemble le sanglier, le hérisson, tout le gibier ; ils buvaient le pinard et trinquaient ensemble à toutes les fêtes, ramassaient les topinambours et les champignons...

– C'était une bonne place.

– Sauf le salaire ! Il n'était pas payé régulièrement. Quel étrange parallèle entre le métier de ton grand-père et celui de grande remise ! Décidément, ces Américains ce sont tous les mêmes, me fait-elle en souriant...

– C'est une drôle de coïncidence cette histoire d'Américains. En tout cas, le mien d'Américain, à quel cinéma j'ai droit pour voir mes factures payées ! Et pourtant, si tu savais en combien il est influent, puissant et riche… Il pèse lourd, tu sais !

– Tu lui as fait lire ton scénario *Le Salon de coiffure*, sur la guerre à Alger ?

– Bien sûr, maman, sans lui jamais je ne l'aurais jamais écrit. C'est lui qui m'a fait découvrir le cinéma.

L'amour de ma mère pour Weinstein était tel que j'avais dû lui cacher son agression. Elle n'aurait pas compris, sa déception aurait été immense ! À son âge, j'évite les chocs émotionnels. J'ai inventé une douleur au dos pour expliquer la perte de mon job avec lui. Qu'est-ce qu'il ne m'aura pas obligé à faire, le salopard ! Mentir à ma propre mère ! Comment lui expliquer que j'attendais un faux pas du monstre, une brutalité qui le conduirait devant un tribunal ?

L'ennui, c'est qu'on dirait que le monstre s'est assagi, il surveille ses gestes, il bride ses pulsions ; à moins qu'il n'ait de gros problèmes de santé. Au Festival 2015, sa conduite est inhabituelle. Essoufflé, abattu, la tête défaite, il ne court plus de droite à gauche, il rase les murs, jette des regards paranoïaques. Je ne le vois plus le soir dans les grandes parties où j'accompagne des personnalités du cinéma. Quand je pose des questions aux concierges ou aux chauffeurs, le gros porc n'a pas enrichi sa légende de faits scandaleux, il reste dans sa suite royale de l'Eden-Roc. A-t-il du mal à se déplacer ? Il m'inquiète…

En réalité, je l'apprendrai par la suite, il était sous le coup d'une enquête du FBI. Il avait échappé de justesse à une arrestation et était persuadé d'être sur écoute. Cette fois-ci, les faits s'étaient produits dans un hôtel new-yorkais, en mars 2015, avec un jeune mannequin de vingt-deux ans, qui avait porté plainte contre lui pour attouchements sexuels. Suite à cette plainte, des agents de la Special Victims Unit (SVU), une unité spécialisée dans les crimes à caractère sexuel, l'avaient persuadée de recontacter Weinstein, de le revoir et de porter un micro. La conversation était explicite : « Pourquoi t'as touché mes seins hier ? » « J'ai l'habitude de faire ça », lui avait répondu Harvey. Il aurait pu être déjà arrêté et emprisonné. En avril 2015, le bureau du procureur de Manhattan a décidé toutefois de ne pas engager de poursuites. Des motifs troubles ont justifié cet arrêt : la presse a évoqué des fonds versés par l'avocat de Weinstein pour la réélection du procureur de Manhattan. La victime n'était pas non plus complètement crédible : sa participation aux parties fines de l'ancien président du Conseil italien, Silvio Berlusconi, ou des accusations d'agression sexuelle envers un homme d'affaires pour lesquelles elle s'était ensuite rétractée, fragilisaient son témoignage. Curieusement, le procureur de Manhattan était le même que celui qui avait inculpé DSK en 2011 avant d'abandonner les poursuites pénales.

35

La chute

Deux années ou presque passent, j'ai fini mon récit et même oublié mon bourreau. J'ai approché un ou deux éditeurs, mais ils ont hésité à prendre mon livre. Trop polémique, on n'apprend pas assez de choses sur le cinéma, ça ne parle pas suffisamment la cause des femmes, etc. À croire que le cinéaste de *La La Land* avait raison, Weinstein est invincible. Mais je suis guéri, c'est l'essentiel.

Et le scandale arrive.

Myriam et moi sommes à Cannes, il est 7 h 30 du matin, un jour d'octobre 2017, pas le fatidique jeudi 5, quelques jours plus tard. D'un geste machinal, la télé et la machine à café sont allumées simultanément. La nouvelle m'oblige à m'asseoir dans un petit fauteuil club du salon. La tête de mon ex-client, Harvey Weinstein, s'affiche en gros plan sur l'écran. J'ai du mal à croire ce que j'entends et ce que je vois.

Je zappe sur toutes les chaînes d'infos pour une confirmation. Une bonne heure après, mon café est intact, je suis en état de choc ! Alors c'est vrai ? Ce que je lui ai souhaité si souvent arrive enfin ! S'agit-il d'une intervention divine ? Ou bien la justice immanente vient de trancher ! Je suis scotché devant les infos en boucle.

Je ne me sens pas bien, je viens de faire une crise d'hypoglycémie. J'appelle Myriam au secours.

– Les nouvelles sur Harvey Weinstein me scient les jambes, le monde entier en parle. Tu te rends compte, Myriam, qu'est-ce qu'il va se passer maintenant ? Il paraît que plein d'acteurs comme Ben Affleck, Matt Damon et des réalisateurs comme Quentin Tarantino sont accusés d'avoir été témoins… Du coup, j'ai même oublié de boire mon café…

Loin de l'enchanter, l'information la met hors d'elle.

– Il y en a marre de ton Weinstein, ça suffit maintenant avec ce gros porc, je croyais qu'on en avait fini avec lui et voilà qu'il n'y en a que pour lui, ça devient lassant à force. Et je suis sûre que ce n'est que le début ! Bientôt, on se lèvera le matin au petit déjeuner et on parlera de Weinstein, à l'apéro on parlera de Weinstein, à table le midi rebelote, le soir au dîner on remet le couvert avec Weinstein. On mangera à toutes les sauces du Weinstein du matin jusqu'au soir, même nos rêves seront remplis de Weinstein ! Tu ne trouves pas qu'on en a fait le tour ? Je t'en supplie, oublie-le, il est mort et enterré pour moi. Il va être fait comme un rat dans un labyrinthe, l'étau se resserre sur lui. Tu devrais faire une prière, le jour viendra où il croupira dans une cellule avec des violeurs comme voisins.

Myriam me prépare un double express et deux tartines beurrées. Le monde autour de moi vient de s'arrêter. Je suis incapable d'articuler une phrase, des dizaines de textos des chauffeurs arrivent et me témoignent leur soutien ; ils m'encouragent à continuer le combat contre Weinstein, ceux-là mêmes qui étaient restés dans un silence sans nom lors de ma violente rupture avec Harvey et de mon burn-out.

Plusieurs clients américains, dont certains producteurs, se frottent les mains et m'encouragent à écrire sur lui : ça fera un carton si tu écris un livre. Je suis interloqué, car dans plusieurs mails le terme gros porc ou gros cochon revient. Je comprends alors que le client hors norme que je transportais n'était qu'un vulgaire bétail.

Le soir, j'appelle mon avocat à Nice pour lui demander si nous pouvons réactiver ma plainte, relancer la procédure. Je veux m'engouffrer dans la brèche et participer au combat. L'avocat me promet de s'en occuper, il sera à Draguignan le lendemain matin pour plaider une affaire. Il en profitera pour demander au procureur un double de la procédure de l'enquête. Deux jours plus tard, il me remet le dossier en mains propres. Il n'y a rien, c'est vide, aucune enquête n'a été diligentée, sous prétexte que l'agresseur est américain. Alors qu'il est connu comme le loup blanc dans la région. Je suis cloué sur place, j'éprouve un violent sentiment d'inégalité, je n'appartiens pas à la même race qu'Harvey. Je relève d'une race inférieure, il avait le droit de me frapper ! Une autre question me vient à l'esprit : est-ce que la décision du procureur de la République de classer ma plainte sans suite serait la même maintenant ? Je suis enragé, la malchance s'acharne contre moi.

Les jours passent. Les plaintes s'accumulent contre Weinstein, le *New York Times* publie une accablante une avec l'image de toutes les femmes qui ont porté plainte contre lui. Weinstein est licencié par la Weinstein Company, sa femme demande le divorce, son frère Bob se désolidarise de lui dans un long entretien à la presse, ses soutiens présidentiels l'abandonnent, il est accusé par la justice américaine de viols et de harcèlement, le mouvement social #MeToo se crée contre lui. Mon avocat m'alerte sur le fait qu'il nous reste la presse écrite pour nous faire entendre.

– Cher monsieur Chemloul, je vous envoie un journaliste de *Nice-Matin* ; il fait un article sur l'affaire H.W. et veut citer votre témoignage, ça fera peut-être bouger le procureur de la République.

Après le premier article de *Nice-Matin* qui titrait : « Que s'est-il passé en juillet 2013 entre Harvey Weinstein et son chauffeur cannois ? », l'affaire fait boule de neige. Les journalistes se sont donné le mot, les jours qui ont suivi une frénésie de journalistes nous sont tombés dessus : RTL, M6, BFMTV, CNEWS, *Le Nouvel OBS, The Sun*, ITV 3, *Good Morning Britain,* Canal 5 RTI Rome, et beaucoup d'autres pour des reportages ou des documentaires sur le cyclope.

Je me sens libéré d'un poids. Harvey Weinstein n'est plus une menace, il a perdu sa toute-puissance, il est aux abois. La compassion que j'avais ressentie pour toutes ces femmes martyrisées, insultées, trompées, qu'il m'était arrivé de transporter sans mesurer toujours ce qu'elles subissaient, revint m'envahir comme une onde de choc.

Je frissonne d'horreur d'avoir voulu faire uniquement mon travail, celui pour lequel j'étais rémunéré, de ne pas avoir approfondi davantage les situations suspectes.

En revanche, je me fais la promesse de déposer une plainte contre Harvey à New York. Peut-être me donnera-t-on enfin l'occasion de témoigner de ce que je sais et de ce que j'ai vu.

Mes remerciements vont

À tous mes collègues chauffeurs de grande remise, à l'ensemble des professionnels du Festival de Cannes, pour leur soutien et leurs encouragements.

À Maître Bernard Sivan, mon avocat niçois qui m'a aidé et defendu dans mon dossier de plainte contre Harvey Weinstein. Malheureusement, l'affaire a été classsée sans suite.

À Patrick Brossault, mon psychiatre qui m'a suivi pendant ma dépression durant 3 ans.

À Cynthia Liebow, mon éditrice... Sa sensibilité de femme de lettres l'a décidée à me publier, son intelligence et sa déterminatrion ont fait le reste. Je lui voue une éternelle reconnaissance de m'avoir pris sous son aile. C'est quelqu'un pour qui j'ai le plus grand respect.

Un immense remerciement à Vincent Colonna : grâce à son énergie, son savoir, et sa volonté de porter haut ce manuscrit, il m'a aidé à lui faire voir le jour.

Je voudrais également remercier Clarrise Gonçalvez et Domitille Carlier pour leur précieux travail éditorial, leur dévouement et leur sérieux.

Les éditions Baker Street tiennent également à remercier Wendy Faith-Liebow et Martine Leroy-Battistelli pour leur soutien indéfectible.

Table des matières

Aubin
IMPRIMEUR

Achevé d'imprimer en octobre 2018
N° d'impression 1809.0222
Dépôt légal, octobre 2018
Imprimé en France